# 窮忙族教戰手冊

## 事半功倍的100種思維

藤野淳悟 著

U0073240

你可以過上更美好的生活。

當你自認為「我明明都已經這麼努力了……」，
我想建議你做一件事，
回顧過去，看看努力做了什麼，得到哪些回報。
不過，有一點要注意，請不要從感性的角度來評價自己，
而是客觀地自我評價。
應該有不少人會發現，那些埋頭苦幹的事，
和最終結果之間並沒有太大的關係。

對於早已認定「自己付出多少努力，就能得到多大報酬」的人來說，
這本書或許不太需要。
畢竟，這是一本講述如何不讓汗水成為空泛回憶的「努力聖經」。
讓我們將至今為止所付出的辛勞全部回收。

我從二十歲開始就以副業的形式創業，一年半後成功擺脫上班族的身分。
與周圍同世代的人相比，自負地認為自己是努力過來的人。
儘管經歷過兩次的創業失敗，但依然堅持「努力就有回報」。

在將近四十歲時，我遭受人生重大的挫折，
回顧一路走來的經歷才意識到一件事——我是為了什麼才這麼努力？
為了變得幸福而經營起副業，
為了更上一層樓而獨立創業，
為了提高年收入而拚命工作。
我原本以為的目標，最終變成一個簡單的問題——

# 咦，這輩子都得這樣一直忙碌嗎？

日本人習慣毫無緣由地美化努力。
安排好計畫，按部就班地度過每一天。
究竟努力是什麼？

工作，是為了享受人生。
可是回過神來，才發現工作已經變成人生了。

不對！不是這樣！
我想要的只是和家人悠閒生活，盡情做自己喜歡做的事而已。
不怕慘遭批判地說——我根本不想工作。
但是，為了生活，我需要錢，所以才需要工作，這一點我能理解。

將近四十歲時面臨的挫折，就如同站在十字路口上。

「我想以自己的規則生活，而不是世間的規則。」

究竟怎麼做才能過著理想的生活呢？

我制定了三條規則：

①用最少的時間賺錢

②不做有壓力的工作

③不賺多餘的錢

然而，我卻聽到這樣的回應——

「社會才沒有那麼好混。」

不好意思，別把你的規則強加在我的身上。

沒有什麼事是在做之前就知道結果的，唯有實際行動後才有可能。

請稍微試想一下。

小時候的你，比方說九歲時……

如果看到現在的你，會怎麼說呢？

會笑著說：「你看起來很開心呢！」

還是會哭著說：「為什麼你看起來那麼痛苦？」

小時候的你，會把答案告訴現在的你。

如果結果是後者，那也沒關係，以後再讓他開懷大笑就好了。

我不知道現在的你幾歲，也不知道你一直以來都過著什麼樣的生活。

但，唯獨這件事我可以斷言——

過去「努力的你」絕不是白忙一場。

本書正是為了將「未得到回報的努力」轉換為「得到回報的努力」，

而提出「六成努力就能贏得成果」的思考工具。

人生可以比你想的還更輕鬆一些。

比埋頭苦幹的人更有效率。
得不到回報，並不是你努力不夠，
而是因為你不知道正確的努力方向。
在該做的時候，做該做的事，
做必要的份量就可以了。

這些話說起來理所當然，
卻很少有人從一開始就體悟這個本質。
畢竟，很少有人採取這樣的生活方式。
我在二十歲開啟副業事業，二十一歲獨立創業，
並成為丈夫及三姐妹的父親，
擔任活動的籌辦人、研討會的講師，也開過餐廳，
為了尋找機會，也曾在二十四歲時縱貫日本南北。

為了獲得幸福而拚命努力，反覆經歷犯錯、受傷後，
終於找到只要用六成的力氣就能巧妙贏得成果的思維。
你可以得到更多的回報；你可以更加原諒自己；
你可以變得更幸福；然後，
你可以過得更好。

為了珍惜眼下重要的人事物，
為了實現金錢、時間、人際關係的理想目標，
希望你能閱讀這本書。
希望在閱讀時，你能對照你的人生，
和自己展開「原來如此」、「怎麼可能」這些討論。

最重要的不是本書的內容，而是經由閱讀，
第一次聽見自己內心的聲音。

好了，讓我們找回那些沒有得到回報的努力吧。
本書是為了讓你成為真正的你而存在的。

# 目錄

前言……2
序章　思考的伸展操……19

## 1章 六成努力就能帶來成果的【思維方法】

1 努力是無法持續的系統……30
2 來一場自我養成遊戲……32
3 別為事物貼上好或壞的標籤……34
4 化危機為轉機……36
5 會騎腳踏車，也會開車了，生活為什麼沒有變得更好？……38
6 潛意識無法區分你跟我、過去跟未來……40
7 休息一兩天，人生也不會因此而結束……42
8 你的收入是由你選擇的……44
9 捨棄非必要的交流才能有收穫……46
10 舒緩對現實不安的方法……48
11 生活周遭的十個人，加總平均就是你……50
12 睡前開十分鐘的「自我會議」……52
13 改變口頭禪，思考就會轉換……55
14 由過去記憶所編輯成的幸福回憶……56
15 時間是從未來流向過去的……58
16 低潮時刻並不難預測……62

17 嘴上說的、心裡想的、實際做的保持一致……64
18 好運眷顧之人的10大特徵……66
19 堅持不懈之人的7大特徵……67
20 容易放棄之人的11大特徵……68


## 2章 六成努力就能帶來成果的【時間管理】

21 以一小時為單位的時間管理……70
22 利用手機或筆記本記下任務……72
23 休息要安排在疲憊之前……74
24 放棄全速衝刺的計畫表……75
25 計畫不落空的制定技巧……76
26 專注在九十分鐘的單一任務上……78
27 不被時間追著跑的六項訣竅……80
28 放下工作的時機……82
29 提升自我容量的方法……84
30 給人留下好印象的「中斷法則」……88
31 問題出現後再處理……90
32 時間是生命的剩餘時間……92
33 不自覺浪費時間之人的10大特徵……96
34 珍惜時間之人的9大特徵……97
35 失去信用之人的11大特徵……98

## 3章 六成努力就能帶來成果的【工作習慣】


36 愈能做出成果的人，愈善於抄襲 …… 100
37 贏得信賴，就能迎來賺錢機會 …… 104
38 打造營利變現的大腦 …… 108
39 選擇喜歡也擅長的事 …… 110
40 成為好相處的人，人流自然聚攏而來 …… 112
41 樹敵絕對是大忌！ …… 114
42 不要輕易否定他人人格 …… 116
43 不瞭解比賽規則，只會輸得一敗塗地 …… 118
44 緣分不必刻意切斷 …… 120
45 不可輕忽個人頭像，請設為大頭照或肖像插畫 …… 122
46 成為第一手的情報來源 …… 124
47 始終陪伴客戶，一起成長 …… 126
48 先給我去洗碗啦，笨蛋！ …… 129
49 人會聚集在可帶來「金錢、肉體、精神」的福星身邊 …… 130
50 別找交情超過五年的人商量 …… 132
51 掌握「設定目標的能力」而非「達成目標的能力」 …… 134
52 消除憤怒的方法 …… 138
53 完美主義會導向孤立 …… 140
54 會賺錢的人不等於優秀的人 …… 142
55 不再過勞的十個工作術 …… 144
56 無視職場怪人的絕招 …… 148
57 清楚表達「你能提供什麼」 …… 150
58 表現太露骨就遜了 …… 152

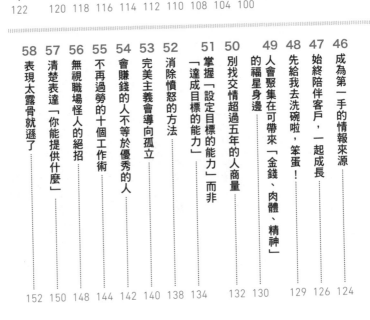

59 盡早完成人生的作業……154
60 幸虧在二十多歲時捨棄的13件事……156
61 無視就好的5種大錯特錯的忠告……157
62 不做，人生就會好轉的10個常識……158

## 4章 六成努力就能帶來成果的【生活習慣】

63 簡簡單單就能為形象加分……160
64 拋棄逞強、勉強、諂媚……162
65 使出「請告訴我」來建立同盟……164
66 停止評論他人……166
67 決定不做哪些事情……168
68 塑造你一生人際關係的名額頂多只有三十個……170
69 瞬間抓住對方的心的贈禮法則……174
70 減少人際壓力的八個訣竅……176
71 只和想來往的人打交道……178
72 能從容地選擇失敗是種堅強……180
73 讓自己活得輕鬆的八個習慣……182
74 三天熱度也無所謂，但請重複七次……184
75 設定靜音模式……186
76 別太執著……188
77 斷食十六小時，早上努力工作……190
78 每三個月重新審視人生……192
79 無上的讚美法……194
80 贈送難忘的禮物……196

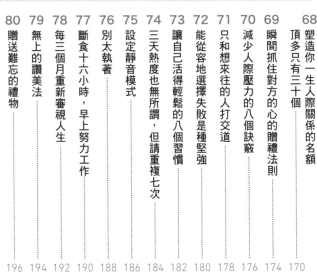

81 禮物先送先贏……198
82 行動之中加入隨機性……200
83 感謝是很短暫的……204
84 成為對方腦海中最先想到的人……206
85 表露弱點……208
86 別把消除不安當成動機！……210
87 一個行業裡的理所當然，是另一個行業的革命契機……214
88 失敗不過是勝利前的學習……216
89 無知和誤解是武器……220
90 凡事大致做好就好……222
91 看清現實……224
92 光做有意義的事是很無趣的……226
93 幸福很簡單……228
94 偷懶的才能……230
95 不能打從心底享受就放棄……232
96 不安的本質是希望……234
97 做不出成果之人的10大特徵……238
98 工作拖延之人的11大特徵……239
99 真正聰明之人的9大特徵……240
100 我盡量不把時間花在工作上的唯一理由……241

Q&A

Q1 人生中最重要的價值觀……244
Q2 怎樣都處不來的上司或客戶……245
Q3 如果三十三歲的自己出現在面前……246
Q4 為了用六成努力巧妙做出成果……247
Q5 情緒控制……248

Q6 尊敬的人說過的話……249
Q7 挑戰新的事物作為副業……250
Q8 凝聚粉絲……251
Q9 自己的「不擅長」和「無知」……252
Q10 想過著淳悟先生這樣的生活……253
Q11 眼前的利益……254
Q12 不擅長把事情交給別人……256
Q13 根深蒂固的「努力才會成功」……258
Q14 成為個人企業主……260
Q15 「凡事必須全力以赴」的預設觀念……262
Q16 只用六十分的力氣和偷懶的區別……264
Q17 什麼工作才能變成有錢人……266
Q18 極簡主義的定義……267
Q19 如何應對不安……268
Q20 希望孩子過著怎麼樣的人生？……269
Q21 人非得工作不可嗎？……270
Q22 自我會議的問題……272
Q23 五、六十歲的樣子……273
Q24 擇偶的條件……274
Q25 持續贏得信賴，建立信用……275
Q26 失去幹勁時如何調整心情……276
Q27 想加上什麼頭銜……277
Q28 打動人心的說話方式……278
Q29 十五個收入來源……280
後記……282

# 序章

# 思考的伸展操

在閱讀本書之前，首先請做一下「思考的伸展操」。

凡事都需要經過一番準備，突然進入正題也很難實踐，這就是人類的本質。比如說，當你想和異性交往時，你會在彼此尚未建立任何關係的情況下突然向對方告白嗎？我認為，除了部分瘋狂的人之外，一般人都會先邀請對方去吃午餐吧？然後，慢慢熟悉彼此，逐漸讓關係變得更為深厚。

雖然開場白有些長，但為了讓你和這本書建立起更深厚的關係，我想先從心理管理開始，作為思考的伸展操。這裡所說的心理管理，意思是改寫內心的風景。

關於心理管理，礙於篇幅限制，這裡將針對重要內容進行說明。

我想讓大家先知道一個大前提，那就是——想實現某件事時，光靠力量是無法如願的。而且，事物本身雖然沒有意義，但如何看待事物、賦予其意義，會大大地改變你的人生。

希望大家在牢記這一點的基礎上，繼續閱讀下去。

我們的心，是由下列三個要素所構成。對這三個要素進行管理，就是「心理管理」。

①意識：眼睛看得見的東西、自己可以控制的行為和發言

②潛意識：無意識的選擇、經驗累積等的無自覺意識

③自我形象：自我特質，嵌入潛意識中的印象

接下來將簡單解說以上三個要素的本質。

**①意識的本質**

所謂的意識，正如字面上的意思，就是你能自主控制的行動和發言。人們雖然常說「改變意識」，但這並不像字面上說的那麼簡單。然而，改變意識是有訣竅的。

不是做想完成某件事的自己，而是做已經完成事情的自己。

有些人可能不太明白這句話究竟在說什麼，所以我在此稍微補充一下。想要實現某些事情的時候，應該有不少人都會想像**正在努力的自己**吧？這就是思考上的陷阱，這樣的人會永遠過著不斷努力的生活，而這點這也正是熱愛努力的日本人的壞習慣。

為了實現目標和夢想，正確的做法是想像**做出成果的自己**。

舉例來說，去旅行時應該是按照「目的地→移動方式→當前位置」這樣的順序來決定吧。先帶著雀躍的心情想像目的地，為此做好必要的準備。也因為是從目的地倒推回去，自然就不會選錯移動方式。

但是當旅途變成人生時，目的地不知何故就變得模糊了，導致很多人都拘泥於方法了。

雖然這是理所當然，但如果不決定目的地，就會朝錯誤的方向和用錯方法前進了。

只要想像「努力的自己（＝方法）」，就會產生偏差。

只要想像「做出成果的自己（＝目的地）」，就能減少錯誤選擇。

這樣一想，應該就能意識到我們的目標當然是「做出成果的自己」。具體的行動訣竅就是「像已經實現目標」那樣地度過每一天。

在日常生活中，若能意識到有所成就的自己會做哪些事情、穿什麼樣的衣服、去哪些地方，那麼人生就會產生變化。

人的思維會因所見所聞而改變。

思維一旦改變，行動、言語就會改變。

行動、言語改變，際遇也會跟著改變。際遇改變，人生也就隨之不同了。

就像是玩一場「自我養成遊戲」，客觀地做出正確的選擇，這樣或許比較容易理解。

我本身的思考習慣屬於超負面思惟，所以很難真正意識到這件事。

但是，只要想起這是「自我養成遊戲」，就能在遇到無意義的行為或浮現不好的想法時，及時剎車並修正，希望大家務必嘗試一下。

**②潛意識的本質**

簡單來說，潛意識是種無意識的選擇。

不知道大家是否有過這樣的經驗。小時候練習騎腳踏車，每當覺得快要跌倒時，往往就會一頭撞上牆壁。按理來說，腳踏車的龍頭要對著牆壁，才會往牆壁的方向撞過去才對。然而，瞬間的判斷是受潛意識支配的，即使知道要趕快轉向，但身體卻做不到。想要避免這種無法自主掌控的情況，唯有持續練習、不斷告訴自己要筆直前進才行。

雖然進步程度因人而異，且需要一段時間。不過，只要堅持做下去，自然就能做到。

人生也像練習騎腳踏車一樣。

你過去應該也經歷過很多次，以前做不到的事情，經過反覆練習，後來就能做到了。如果套用這個模式，結果會如何呢？想必你也很清楚，以前做不到或沒做過的事，只要反覆去做就能做到了。可是，隨著年齡的增加，我們會無意識地在做事之前就先認定自己做不到，從而縮小選擇的範圍。即使機會就在眼前，也不願意多看一眼。隨著這種情況不斷反覆，潛意識就會開始認為機會不會降臨到自己身上了。

只要培養得當，潛意識就會成為強大的夥伴；如果培養方式錯誤，它就會變成最強的敵人，這一點希望大家記住。

**③自我形象的本質**

自我形象是指「你所認為的自我特質」。

你每天潛移默化到潛意識中的印象，決定了你的自我形象。

這裡用比較容易理解的收入來做說明。假設你眼前有一個轉職的機會，前提是要先回答以下問題：

①能接受的最低收入是多少？

②嘗試看看的最高收入是多少？

想好答案了嗎？

①的「能接受的最低收入是多少？」是你對於收入的自我形象低標。

②的「想嘗試看看的最高收入是多少？」是你對於收入的自我形象高標。

這裡希望大家注意第二個答案，這意味著你無法賺到比這個金額更多的錢。

對於有些人而言，你的收入高標相當於人家的收入低標。

是誰決定了這條線呢？沒錯，不是別人，正是你自己。

進一步說，就是你的潛意識。

你在無意識中給自己的可能性關上了大門，這也稱為心理障礙。

人是一種害怕大好大壞的生物，所以才會催生出「維持現狀是最安全的生存方式」的潛意識，堪稱是人類的生存本能。害怕挑戰是人之常情，害怕變化也是理所當然。

在此，希望大家回想一下開頭說過的話：

「想實現某件事的時候，光靠力量是無法如願的。」

不是你的努力和實力不夠，問題在於你不瞭解自己的思考習慣。

而這本書正是寫有如何解決你的思考謬誤，助你回收至今為止所有努力的指南。

你只是因為不瞭解自己的思考習慣，導致付出的努力無法開花結果罷了。

我可以保證，你過去的努力絕不會白費。希望各位能把我從經驗中學到的「超效率思維」，作為重新找回人生的工具，從今往後只需投入六成的努力就能贏得成果。

意識
做得到
做得到
潛意識
做不到啦
只要練習
就做得到
450萬吧
……
可以賺
1000萬！
自我形象

1章

# 六成努力就能帶來成果的【思維方法】

001

# 努力是無法持續的系統

這裡存在一個很大的陷阱，那就是——大部分的人都是在持續努力的前提下制定計畫的。

如各位所知，要持續努力的事情其實並不多。努力時所做的或許並不是自己很想做的事。

人類最能發揮潛能的狀態是——渾然忘我。一旦陷入忘我，或許還會廢寢忘食。只要擁有熱衷的目標，人就是無敵的。

那麼，要怎樣才能沉迷在一件事情上呢？關鍵並非**目標達成能力**，而是**目標設定能力**。

若能定出令人興奮的目標，即使是萬般阻撓，也會想方設法動起來。對於現在正努力做某件事的人，我建議「改變目標的意義」＝「重新設定目標」。

我在從事業務工作的培訓期間，曾一度成為銷售冠軍。因為技術和經驗都比不上前輩，所以我只能以數量來取勝。但這種做法卻大有問題……

因為我根本沒有成為銷售冠軍的動力。

這時改變意義就派上用場了。

這家公司雖然算不上黑心企業，但卻遊走於灰色地帶，除了業務主管外，其他人都被迫加班；也就是說，只要當上業務主管，就算是菜鳥，也可以準時下班。當時女兒剛出生，我每天都想快點回家，因此我把目標從「銷售第一」改為「早點見到女兒」。成為銷售冠軍必須付出相應的努力，但如果能早點見到女兒，還是讓我有種興奮的感覺。

反之，如果你覺得正在做的事情無論如何都「需要努力」的話，試著放手看看，或許這也是一種選擇。那時最好捨棄「之前做了這麼多實在太可惜了」的想法。與其這麼想，不如把方向轉到非常想做的事情上，這樣的話，你的人生一定會加速前進。

努力不會持續下去。

世上能做出成果的人，全是對一件事相當熱衷的人。

在別人眼裡看來像是在努力，但其實是當事人沉迷於其中，不可自拔。

002

# 來一場自我養成遊戲

你是否有過這樣的想法？

「明明知道，為何卻做不到？」

人是感情的生物。明明知道什麼是正確的，卻做出相反的事情。明明想減肥，可是愈想變瘦反而愈想吃甜食。今天宵夜只吃一碗拉麵應該沒關係，明知這麼做很不應該。這種小事尚且能一笑置之，但如果這是人生或工作的話，結果會如何呢？

請稍微想像一下。

你想玩這樣的遊戲嗎？

「早上起床、準備出門、去公司上班、下班、回家、睡覺」沒了。

你想重複玩這個遊戲嗎？實不相瞞，我覺得這樣的遊戲根本是糞作。

我想大家應該都察覺到了，這是上班族一天的作息。儘管週末或假日會有些變化，但內容應該相去無幾。

如果這是款自我養成遊戲的話，難道你不想讓主角在起床後做些晨練，下班後讀些書或培養些興趣，選些有助於成長的活動嗎？

大家不妨回顧一下這週做了哪些事。

在你的自我養成遊戲中，你做了多少對成長有幫助的活動呢？

人愈努力嘗試新的事物，就愈會成長。這件事你應該也心知肚明才對吧。

從客觀的角度來看，你的自我養成遊戲有趣嗎？還是，一款糞作呢？

答案就在你心中。

003

# 別為事物貼上好或壞的標籤

事物本身並沒有意義，一切都是**你賦予它的意義**。
當我知道這樣的觀點後，才猛然醒悟。
人們偏好用正面和負面的角度來區分事物。
但我認為最重要的是「接受」。
簡單地接受已經發生的事。舉例來說，
有些女性不喜歡頭髮因下雨而變亂，
有些農民則因下雨使農作物生長而感到開心。

事實上只是——下雨。

雨既不是負面的，也不是正面的。雨就是雨。

不管遇到什麼事，首先要接受它，接下來才能開始應對。

負面、正面是人們擅自做出的解釋。

有些人會用負面和正面來區分事物，給自己貼上標籤，進行自我洗腦。我自己在事業順利時就非常正面，失敗時又非常負面；有時甚至想要人間蒸發。

但是，正因為有那次的失敗，才有現在的我。

對於發生的事，如果是擅長的就會抱持著正面態度，不擅長的則抱持著負面想法。

**不管事實如何，人只會根據刻板的印象來判斷自己是擅長或不擅長。正面、負面，實際上都是模稜兩可、奠基於脆弱基礎上的。**

你是不是也被正面、負面這些詞彙所迷惑，妄自認定自己能做什麼、做不到什麼呢？

沒有對所有事物都保持正面心態的人，也沒有對所有事情都保持負面心態的人。

請儘管放心。無論發生任何事，你還是你。別受言語的迷惑。

004

# 化危機為轉機

你知道危機的意思嗎？這有兩種模式。

①前進模式

②後退模式

①是前進的證據，②是重新做的時機。

不管是哪種模式，遇到危機都不是壞事。

這時不妨對自己大喊：「遇到了！」

最可怕的危機，莫過於不知不覺中就結束了。

**只有極少數人會在某一天突然結束人生。**
**大多數人都是在不知不覺中，慢慢地……慢慢地……**
**削減可能性而活著。**

這也屬於沒有察覺到危機的狀態。
在不知不覺間，連挑戰的念頭都喪失了。
認為維持現狀是最合理的選項，但卻沒有意識到衰退，直到最終的睡眠之境來臨才意識到這個事實……這樣的人生豈不是太可惜了？

**當危機來臨時，應該滿懷期待地**
**享受「遇到了！」這個瞬間。**
**這便是你的感應器尚未鈍化的證據。**
**來吧，請和我一起大喊：「遇到了！」**

005

# 會騎腳踏車，也會開車了，生活為什麼沒有變得更好？

以前做不到的事情，現在能做到了。這是每個人都有過的經驗。

騎腳踏車或開車，或者追溯到更久遠的年代，一開始時甚至連走路都成問題。

要是有人說：「我一生下來就會走路了」，請趕快告訴我，我非常熱切地想見見那個人。

說句離題的話，儘管每個人有些差異，但大多數的事只要去做就能做到。

這裡最重要的是「人與人之間多少有些差異」這一點。

覺得自己做不到的人，幾乎都是和周圍的人比較所得到的結論。

不覺得這有點奇怪嗎？

你正走在屬於你自己的人生道路上，
卻老想著，是比別人快還是比別人慢，這事本身就很荒謬。
有多少人，路就有多少條；沒有人會走在同一條道路上。
無論成功與否，只要去做就會成長。
只要堅持下去，總有一天會走到自己的目的地。
我曾經徒步橫越日本，從沖繩走到稚內。
即使覺得是遙不可及，但也能通過每天堅持走完固定距離，而到達終點。
每當我提及旅行故事時，總有人說：「我做不到」；但卻沒有說：「要去做」的人。
言歸正傳，我認為不是做不到，應該說是不願去做才對。

**人生也是如此，只要列出理想生活的所需要素，再一個個解決就行了。**

明明是如此簡單的課題，但你卻以感覺、技能和才能這些詞彙來逃避呢？
不是的，才不是做不到！只是不去做罷了。

# 006

# 潛意識無法區分你跟我、過去跟未來

正如標題所示，潛意識對此並沒有任何概念。

你有過這樣的經驗嗎？看恐怖電影的時候不敢上廁所，洗澡的時候很在意後面有沒有人，諸如此類的。明明是虛構出來的東西，不知為何總覺得現實中搞不好也會發生，因而感到害怕。或是在幫忙別人、給予他人鼓勵後，不知道為什麼自己好像也變得更有活力了。

冷靜想想確實不可思議，但其中有著這樣的理由。

人會下意識地區分他人和自己，但在潛意識裡卻沒有分別。

說別人的壞話就等於在說自己的壞話，稱讚別人感覺就像是在讚美自己。

你平時常聽到的是充滿夢想和希望的話語，還是別人出軌的消息或不幸的新聞呢？

這會完全改變進入潛意識的信息。

通過所接觸到的事物和你所發出的訊息，讓自己變得更加積極，這會讓你的潛意識朝好的方向發展。

順帶一提，潛意識也不會對過去和未來做出區別。基本上，人們會根據過去的經驗做出判斷，但即使一直做出與過去相同的選擇，未來也不會因此而改變。既然如此，那就來增加未來的記憶（也就是妄想）。這樣選項就增加了。

你應該多做些想做的事情，和一些令人興奮的妄想。

007

# 休息一兩天，人生也不會因此而結束

日本人工作過度。日本人的責任感太強。日本人的義務感太強。

**身體不舒服就休息。不想上班就休息。**
**休息久一點仍不行的話，那就辭職走人。**
**就算沒有你，公司仍會繼續運轉。**
**如果沒有你公司就掛了，那是公司的治理有問題。**

有人說：「道理我都懂，但就是──不能休息。」這我能理解。
這是你長年累月被義務教育洗腦的結果。
我自認為是個認真努力的人，也曾有過一段時間埋首於工作上，一年只和家人吃兩次飯。
有一天我察覺到一件事──自己的幸福是建立在工作成果上嗎？
工作是手段，金錢也是手段。說到底，人生的主要目標是──獲得幸福。
享受人生，創造許多快樂的回憶。
工作和金錢就是達到這個目標的手段，不能本末倒置。
意識到這點後，我滿腦子想著該如何巧妙地偷懶。
所謂巧妙地偷懶，就是「把該做的事情有效率地完成到必要的量」
在公司待到深夜，並不表示工作就能順利進行。
總之只要做好自己該做的事情就可以了。
正常的公司通常都會根據績效來評價你，而不是努力的量。
做完該做的事情就可以休息了。別沉迷於努力當中。
做你該做的事。然後盡量在工作中偷懶。

008

# 你的收入是由你選擇的

每個人都有自己的想法，那是過去的經驗所造就的。

你的收入也是根據過去的經驗，以你滿意的金額選擇的。

也許有人會說：「沒這回事，根本還不夠呢。」那為什麼你的收入還是不動如山呢？

你可以轉職；也可以從事副業；獨立創業也沒問題。

你可以自由選擇。

這種「我心知肚明，但就是做不到」的狀態，並不是你的錯。

問題出在別的地方，而不是你的的感受。

那就是心理障礙。

我希望各位知道，明明做就可以了，但卻總提不起幹勁，這並非心情或性格問題。

只要心理有障礙，這個問題就無法解決。

無論好壞，維持現狀的生存機率最高，所以人們害怕改變。

你沒有錯。希望你別責怪自己。

但是，容我再強調一次。

你可以轉職；也可以從事副業；創業也沒問題；你可以自由選擇。

我只是從一般的上班族轉而選擇每月工作十個小時，年收入一千萬日圓的生活罷了。

009

# 捨棄非必要的交流才能有收穫

有一種人非常奇妙，這類人總選擇不是那麼喜歡的人共度時光。

更糟糕時，還會主動和討厭的人見面。

如果是因為工作而不得不見面，這還可以理解；若處於這種情況，應該馬上換工作才是合理的方法。

因為害怕孤獨、寂寞而和不是那麼喜歡的人見面，會給精神帶來不好的影響。

在說這些話的同時，我也有同樣的經歷，難受得想死。

寂寞實在很可怕。

然而，一個人能接觸到的人是有限的。平時會聯絡的人，頂多也就十到三十個人左右吧？

事實上也有數據顯示，一個人的密切人際關係約為三十人。
如此珍貴的三十人名單，難道不希望只填上最喜歡的人嗎？
讓不那麼喜歡的人占據在名單上，只有被虐狂才會這麼做。

有個讓最喜歡的人待在名單上的方法。
那就是別和不喜歡的人扯上關係。
從名單中剔除。這就是人際關係的斷捨離。
如果死抓著不放，有趣的事物就沒有機會進來。
一旦把不需要的東西留在身邊，就無法為你想要的東西騰出空間。
即使是害怕也要放手。不是因為遇到很棒的人才捨棄的。

**有捨才有得。**
**不能弄錯這個順序。**

010

# 舒緩對現實不安的方法

你有夢想嗎？

雖然沒有夢想也能活下去，但我覺得還是有夢想比較好。

但夢想總是伴隨著挑戰，而挑戰也伴隨著不安。

當這個夢想變得更加具體時，「能不能做到」這樣的不安感也增加了。這會奪去你的夢想。

換句話說，正是因為有實現的可能性，所以才會感到不安。

人對於不可能實現的事情，是不會感到不安的。

要是你在描繪夢想時感到不安，那就表示它很有可能實現。

可是，如果被不安奪去了夢想，那也無能為力。

有避免這種情況的方法。

那就是描繪出更天馬行空的夢想。

描繪遠遠超乎現實且令人不禁噗哧一笑的夢想。

瘋狂的夢想不太可能實現，所以不會令人感到不安。

但如果把現實的夢想放在人生的必經道路上，最終就有機會實現。

況且，他人也很難否定天馬行空的夢想；這也能用來應付想戳破夢想的人。

最重要的是，它能為你創造一個不容易感到不安的狀況。

**只要抱著「如果實現了，就好笑了」的態度來前進就可以了。回過神來，當初的現實夢想就實現了。**

望向遠方，眼前一片模糊；看著眼前，遠方則一片模糊。

既然如此，那就望向遠方吧。別讓眼前的不安（自己製造的）奪走夢想。

以防萬一，我再補充一句。不能因此就什麼都不做。

011

# 生活周遭的十個人，加總平均就是你

在此要麻煩你做一件事，請你選出平時經常接觸的十個人。

這十個人的平均就是你，你同意嗎？還是持保留態度呢？

你是由你所接觸的人所創造出來的，人就是這樣的環境動物。

說到收入，平時與你接觸的十個人其平均收入就是你的收入。

如果想提高收入，只要改變接觸的人就可以了。

改變心中的「理所當然」，自己自然而然就會改變。

話雖如此，但也不能只看收入。為什麼這麼說呢？因為幸福並不是由金錢決定的。

時間、健康、人際關係和精神方面的平衡，都決定了人生的幸福度。

建議你和十個你認為能推動你成為「理想的自己」的人來往。人畢竟是靠人磨出來的。

○○研討會
滿腹牢騷
滿腹牢騷

012

# 睡前開十分鐘的「自我會議」

你沒聽過「自我會議」這個名詞，這很正常，因為那是我隨便取的。自我會議是指跟自己面對面的時間。我很珍惜這段時間，我在睡前都會向自己確認自己想做什麼、想過什麼樣的生活。

我能聽見你的內心在嘀咕：「就算沒有天天這樣做，應該也能明白這種事吧。」然而，人總是在不經意間逐漸產生偏差的。你的人生是否真如你所願？

像我就繞了好幾次遠路，最後才到達理想的地方。一次又一次地偏移，反覆出現偏差。如果一公釐的偏差持續十年，將會變成十分誇張的偏差。

最糟糕的是在不斷前進的過程中，忘記自己想去哪裡，也不知道自己是為了什麼才工作的。常見的情況是，明明把工作當成人生的手段，回過神來卻發現已經變成為工作而活了。

為了消除工作疲勞，在假日休息。

這樣的話就本末倒置了。

工作只是手段，人生是為了享受。

每天只要花十分鐘面對自己，就能防止這種偏差發生。

睡前不妨用紙筆，或在手機的筆記欄寫下這三件事：

・自己想做什麼？
・為什麼現在在做這件事？
・目的地是哪裡？

只要寫出這三點，你的導航員就會注意到偏差了。

希望你別怕麻煩，
務必要試試看。
這也是為了避免
日後遇到大麻煩。

013

# 改變口頭禪，思考就會轉換

請記住這一點。

人在思考時都會用到言語。

你的思考就是透過平時所使用的言語進行的。

況且，你說的話，你聽的也最多。

給你洗腦的人就是你自己。

若你有意識地將口頭禪變得正面些，那你的心態自然也會變得正面。

反之亦然。

當你意識到吐出的話可以輕鬆改變你的生活時，

口頭禪就會造就你的思維。

014

# 由過去記憶所編輯成的幸福回憶

人生是一種臆測。

發生了什麼事並不重要。對已經發生過的事賦予什麼樣的意義，決定了過去的種種。把你的故事變成悲劇或喜劇全取決於你。

如果現在過著美好的人生，也可以將過去的失敗變成笑談。

我認為每個人的情況有大小之分，但好事和壞事的發生次數是相同的。

不，我就是刻意這麼想的。

自己比別人辛苦。自己比別人不幸。正因為是這麼想，才會感到辛苦和不幸。

別用相對的角度來決定自己的幸福，別與他人比較。

過去只是記憶。

電影也是從大量的影像中選出符合導演意圖的部分拼接而成的。

編輯你的過去的人，是你自己。

若想拍出快樂的電影，那麼只要剪出快樂的部分就可以了。這樣一來，你的注意力就會集中在快樂的事情上，變得正面又敏銳。此外，因為收集的都是有趣的材料，自然盡是快樂的作品。

你就是你人生的導演。

用與他人比較所產生的情感來創作作品，就等同將人生的導演拱手讓給他人。你可以選擇自己喜歡的人生。

人生是你一生唯一的作品。

015

# 時間是從未來流向過去的

不可能——我聽見你在心裡如此反駁我。

「時間是從過去流向未來」這種事我也知道。的確，時間是從過去向未來前進的，我們的生活也是因為有過去才有未來的。

可是，這裡產生一個很大的疑問。

當你去公司的時候，難道你會先決定去公司這個未來，然後再開始現在的行動嗎？

也許有人會認為「幹嘛說這種理所當然的事」，但從過去預先決定目的是不可能的。透過對未來的想像，才能決定現在應該採取的行動。

時間軸是先有未來才成立。

有了對未來的決定才能決定現在，使現在變成過去。

這句話的表達方式有點哲學，可能令人難以理解，但我希望你能記住「因為決定了未來，才決定現在應該做的事情」，這句話我說過很多次了。

沒錯，未來在大腦中早已提前到來。

如果沒有經過想像的未來，我們甚至無法走出家門。

「有時候不也沒經過想像說走就走嗎？」我希望你現在能安撫並傾聽這個心中愛唱反調的小惡魔所說的話。

這裡想說的是，決定未來在前，之後再創造出過去的時間軸。

人們往往會認為人生是由過去的累積所創造出來的，但這樣很難改變人生。

反之，對於未來的選擇一旦改變，現在的選擇也會隨之改變。

試想一下，如果現在的選擇改變的話，那麼已形成的過去也會發生變化。

「過去的自己是○○，所以現在也是○○」這樣的話不會有任何改變。

「改變未來的選擇，就會改變已形成的過去」，像這樣挑戰從未決定的未來不也很有趣嗎？

未來不是存在於過去的延長線上，過去是由你決定的未來所創造出來的。

未來
並非由過去的你決定，
而是由現在的你決定。

這裡！
未來
時間的流動
現在
過去的行動
好好，
這裡是吧

016

# 低潮時刻並不難預測

人類有一種叫作「體內平衡」（homeostatic）的生理機能，又稱為恆定性。

簡單來說，這是為了保持心理穩定，避免因為精神的劇烈起伏而使身體難以承受的機能。

當壞事發生時，人們希望提高心理狀態；發生太好的事情時，則會想降低心理狀態。

發生好事後的第二天，心情就會莫名地低落，你是否有過這樣的經驗？

**這是因為人們會將注意力放在沮喪的事情上，試圖讓精神保持平衡，以便恢復平穩的狀態。**

這是生活中不可避免的事，所以只能選擇接受。

某種程度上，我們是能預測即將出現的失落感或沮喪心情的。這樣就能接受它，並且制定對策了。

因為身陷失落、沮喪中心而感到痛苦。

沒關係，這種感覺會隨著時間流逝而逐漸變淡。

無法改變的事就是無法改變。無法改變的事，就是怎麼樣也無所謂的事。

不如趕緊洗洗睡吧。

真是的～
都是你們啦～
恆
定
性
心情要開始低落囉～
要開始恢復穩定囉～

O17

# 嘴上說的、心裡想的、實際做的要保持一致

我認為人類之所以活得那麼辛苦，是因為「說的」、「想的」、「做的」三者無法平衡所致。

・說了但沒做。
・正在想但說不出口。
・正在做但其實很討厭。

當這三個不一致趨於一致時，壓力就令人驚訝地消失了。

要做到這一點也很難吧。我能理解。

在公司裡很難做到這三點一致。

特別是人際關係變得愈來愈複雜時，執行起來就愈困難。

但如果堅持想法，不願配合周圍的人；那就只有贊同你的人才會聚集在你身邊。
一開始時可能會很害怕，但總比四處討好、迷失自我要好得多。
考慮到漫長人生，能做自己的時間愈長，一定愈快樂。
疼痛只有一瞬間。我知道，很可怕。
可是，我不希望在死去的那一刻帶著滿滿的遺憾到另一個世界。
在生活中，我也要顧慮到許多人，所以我很清楚。
即使受到眾人的喜歡，但如果連自己都不能喜歡自己，那也稱不上幸福。
如果有人因為你的一點小小任性而討厭你，那就讓他們討厭吧。
試著按照自己的想法過生活，就會更喜歡自己。
我再三說過，很可怕吧？
然而，過了十年再回頭看，你會討厭那個一直配合著周圍的人的自己。
看到因為害怕而無法按照自己的想法而生活的你，十年後的自己應該會這麼說：

**「除了必要的東西外，其他都扔掉不就好了？」**

018

## 好運眷顧之人的10大特徵

| 好運眷顧之人的10大特徵 |
| --- |
| ①相信運氣 |
| ②重視他人 |
| ③積極、敏感 |
| ④常保笑容 |
| ⑤充滿感恩 |
| ⑥常說好話 |
| ⑦過有餘裕的生活 |
| ⑧懷抱夢想 |
| ⑨把雙贏視為理所當然 |
| ⑩發現小確幸 |

019

| 堅持不懈之人的7大特徵 |
| --- |
| ①完美主義不如速戰速決 |
| ②鄭重其事不如適度就好 |
| ③心理強化不如結構化 |
| ④成果主義不如成長主義 |
| ⑤短期思考不如長期思考 |
| ⑥100%×1次不如20%×5次 |
| ⑦強力決斷不如選擇良好環境 |

020

## 容易放棄之人的11項特徵

| |
|---|
| ①自認能持續保持幹勁 |
| ②不善於偷懶 |
| ③過度認真 |
| ④容易忘記目的 |
| ⑤做之前想得太多 |
| ⑥沒有小目標 |
| ⑦找藉口天才 |
| ⑧怪罪他人 |
| ⑨怪罪年齡 |
| ⑩怪罪環境 |
| ⑪其實沒做 |

2章

# 六成努力就能帶來成果的【時間管理】

021

# 以一小時為單位的時間管理

大家都很重視金錢，不知為何卻不重視時間。
明明會記帳來管理支出，卻不會管理時間。
沒有計畫地安排時間是很危險的。
時間＝生命的剩餘時間。
明天活下來的可能性只有一半的機率。人生不知道下一刻會發生什麼。
但我不會說要珍惜每一分每一秒這種話。
如果只想「過著平凡、富裕的生活」，就不必細到那種程度。
過度在意這種事也會讓人鬱悶並累積壓力的。
所以我建議，至少以一小時為單位來進行思考。

在智慧型手機或紙本的行程表上，以一小時的間隔填入計畫。
我覺得一開始這樣做就可以了。

對於下班後只做一件事情的人來說，如果以一小時來劃分時間的話，我想應該會發現居然有那麼多的時間。

不要在沒有確定時間的情況下拖拖拉拉地做著同一件事情。反正專注力也會下降。

**下班後以一小時為間隔，把計畫中和應該做的事寫下來，這樣既有時間和人見面，也可以學些東西，或是觀賞有興趣的節目或YouTube。**

該做的事自不必說，即使是被認為沒有價值的事，只要自己喜歡，也可以分出時間來做。

只做有用的事，這樣的人生很無趣。

就算是無益的事，做喜歡的事的人也很有魅力。

為了將來、為了讓你變得更像你自己，希望你可以停止這種隨意安排時間的行為。

先從間隔一小時的規劃開始。

022

# 用手機或筆記本記下任務

腦袋空著才能塞入夢想——這是動畫《七龍珠Z》主題曲中的其中一句歌詞，可說是一語道破人生的本質啊。

倘若滿腦子都是「該做的事」和「必須做的事」，那麼你所需要的靈感就很難降臨。

你難道沒有這樣的經驗嗎？

在洗澡、上廁所、跑步時，腦中突然浮現一個點子。

人的靈感總是在大腦放鬆的時候突然浮現的。

所以最好平時就盡量讓大腦放空。

注意力集中的時候，大腦可以全速運轉；不需要集中精神時，最好讓腦袋清空。

出乎意外地，人們往往只會用記憶來記錄任務或計畫，但只要寫在行程表上，忘了應該也沒關係吧。

如果是記在手機的行程表上，可以活用自動通知的功能。

如果是寫在紙本上，就在每天的固定時間進行確認，這樣一來就能清空腦袋了。

在腦袋塞滿東西的狀態下所想出來的點子，或許能幫助你前進，但無法將你提升到另一個層次。

腦中不要堆滿雜物，要空出可以接受重要事情的空間，這樣才能享受輕鬆的人生。

023

# 休息要安排在疲憊之前

休息是為了走更長遠的路。一旦筋疲力盡，就必須花時間才能再次動起來。身體無法光靠幹勁和體力來堅持。在感覺到疲累前就休息，就能繼續跑下去。不管做任何事，想要做出成果，最重要的就是持之以恆。

正因如此，才要在行程表上好好設定休息時間。

應該積極地休養。以上班族為例，據說星期三晚上是最容易感到疲勞的時段。疲勞在一週的正中間累積到最高點，可是後面還有兩天要工作。這時不能僅憑幹勁來安排工作和計畫。如果能預知到自己會感到疲勞，那麼安排好能讓自己恢復精神的計畫就非常重要。好好休息也是工作的一部分。

還有，每天什麼事都沒做，卻休息的人，只是個懶鬼而已。

024

# 放棄全速衝刺的計畫表

沒有人可以不斷地全速衝刺。不過，人們總以為在亢奮的情境下所訂出的目標或計畫是可以貫徹到底的。

結果，短則三天，多則三個月，就會因為喘不過氣而開始出現「自己做不到」的錯覺。

我想大喊：「不是！那是因為你是人類！」

百分之百的投入看似很酷，但只有外行人才會這麼做。

愈能做出成果的人，愈會好好考慮如何分配步調。

過於悠哉不好，過於緊繃也無法堅持下去。六成左右恰到好處。

為了瞭解自己的最佳步調，試著全速衝刺或許不錯；但從中找出四成可以偷懶的部分，用六成的力氣持續跑下去，更好。

025

# 計畫不落空的制定技巧

在該做的時候做該做的事。這是達到目的的最短路徑。
沒有浪費，精神和肉體上都不必花費多餘的力氣。

如此理所當然的事，大家明明都知道但卻不去做。
不，是做不到。不對，我認為只是不知道該怎麼做而已。
有個簡單的方法可以解決。
希望大家能試著把這兩件事作為晚上的習慣。

- 逐條列出明天該做的任務
- 將其記錄在行程表中應該做的時間上

如果只寫出任務那就太隨便了，要將任務填在該做的時間裡。想學習的事、想做的事、私人計畫更應該這麼做。

在通勤時間安排計畫，只要一支手機就能做到。

該用電腦處理的就留到方便打開電腦的時候、午餐時間或是回家後再進行。

考慮到一回到家會累得不想動的話，可以將規劃安排在飯後的休息時間。

不憑藉幹勁，而是和內心裡的自己商量，像是：這個時間應該可以、這個時段還有體力，把計畫安排在最佳時間點上。

**如果只憑著幹勁來制定計畫，就容易落空。在最佳時間安排必要的計畫，逐步去完成。**

啊！也別忘了花時間寫下明天的任務喔。

026

# 專注在九十分鐘的單一任務上

打開大腦開關需要一些時間。
但一旦打開，據說人的專注力能持續約九十分鐘。
要做某件事時，至少要騰出九十分鐘，一口氣做完，這樣對大腦來說更省電。
重複做了又放棄，對精神和肉體來說都是平白地損耗能量。
同時執行多項作業、多工處理也會導致疲勞。
如果需要在一天內完成數個工作，那麼以九十分鐘為間隔逐一完成任務會更有效率。
開始工作時，把手機設成靜音、放在拿不到的地方。
找個既喜歡又可以集中精神的空間。
只要整理好環境，就會覺得輕鬆自在。

不需要一整天都全神貫注，在該做的時間做好該做的事情就可以了。只專注在一件事情上。

027

# 不被時間追著跑的六項訣竅

①單一任務：既然要做，就專注在一件事情上。如果同時進行多項任務，感覺似乎正在進行，實際上卻沒什麼進展，品質也不好。讓大腦專注在一件事情上，不僅能縮短作業時間還能提升工作品質。

②先做完重要的工作：瑣碎的工作留到之後再做。從對人生重要的工作開始才是重點。只要先完成重要的事情，通常就會自動解決附帶的瑣碎小事。

③決定優先順序：從眼前的事情開始做不需要動腦，所以很輕鬆。但如果不決定好優先順序的話，就無法將時間花在重要的事情上。雖然做些瑣事也無妨，但就算不做也不會對人生

造成影響。所以，還是先決定好優先順序吧。

④有委派工作的勇氣：沒必要凡事都事必躬親。要有勇氣把能由他人處理的事情交出去。雖然有時候自己做會更快，但如果能在某程度上交給他人處理，我們只做最後調整的話，那就把事情交出去。如果是團隊的話，讓同事汲取經驗也能幫助他們成長。即使剛開始成效不佳，但長遠來看，能幹的人增加了效率自然會提升。這作法並非出於相信同事的精神論，而是把工作交出去不但能讓對方獲得經驗和自信，還會讓你變得更輕鬆，可說是好處多多。

⑤速度勝於品質：即使自認為已經一百分了，但因為每個人的標準都不一樣，仍然有可能需要修改。更何況是提交給上司的東西，上司這種生物總想著要做些修改。所以先完成六成是最好的。

⑥每九十分鐘休息十五分鐘：九十分鐘據說就是人的注意力極限了。即使還有幹勁，也要透過休息才能獲得補充，重新出發後的速度才會更快。

# 028
# 放下工作的時機

這裡有一點希望大家注意。

幾年前我曾經因為持續全力工作而導致精神崩潰。

有一天我突然對所有的一切都感到厭煩，甚至在妻子面前嚎啕大哭

（當時妻子的那句「沒事」至今仍讓我打從心底感謝）。

當時因為事業失敗，結清廠商的款項後，全身只剩下一千日圓。

明明已經無計可施了，卻還硬裝出一副會設法解決的樣子。

給不了女兒什麼，更讓妻子受苦，當時已經瀕臨極限。

**希望你能在精神崩潰之前尋求協助。**

別把自己逼得太緊。

根據我自身的經驗，下面是精神即將崩潰的人會有的特徵：

- 早上爬不起來
- 提不起勁
- 無法表達感謝
- 精神恍惚
- 不明原因的頭痛
- 半夜醒來
- 呼吸變淺
- 很累卻睡不著

這時候希望你能鼓起勇氣放下工作，尋求他人的幫助。

什麼也不必擔心。

因為即使繞遠路，只要不停下腳步，總有一天也會到達終點。

029

# 提升自我容量的方法

時間管理中有個著名的例子，兩公升容量的水桶和三公升的水：眼前有兩公升容量的水桶，和三瓶一公升（三公升）的水。試問要如何把水裝進水桶裡？方法有三個。

①硬塞進去

②丟掉一公升的水

③找個三公升的水桶

若將這些比喻成時間管理，如下所示。

①硬塞三公升進去：某月有項大型活動。這會讓人有種一直都很忙的感覺，但如果好好安排任務的話，會發現其實時間（水桶）很充裕，足以將所有任務（水）都安排好。整理好任

務、詳細寫進計畫後就會發現還有些空檔。這裡想表達的是實際上水連三公升都不到。

②丟掉一公升：這個做法很簡單，就是找別人商量，減少煩惱的時間。只要找能幹的人商量，問題就能輕鬆解決。一個人獨自煩惱所耗掉的時間是最浪費的。

③換成三公升的水桶：這是拜託、委託他人或是外包的意思。雖然自己的時間（水桶）無法輕易增加，但他人能做的事就交給他人來做。善用這段時間做些只有自己才能做的事，這就像是增加了自己的時間一樣。沒必要凡事都事必躬親。

只要理解這三點，就能做好時間管理。

說得具體一點，我會使用手機的日曆程式來管理我的行程，並設定好自動通知的功能。目前還剩下多少時間、能夠安排多少任務、在一項工作上用掉多少時間，這些資訊一眼就能看出來。

浪費或增加時間全都取決於你。那麼，你想怎麼做？

2ℓ
1ℓ 1ℓ 1ℓ
將3ℓ的水
裝進2ℓ的水桶內⋯
硬塞進去
2ℓ
1ℓ 1ℓ 1ℓ
2ℓ
1ℓ 1ℓ 1ℓ
丟掉1ℓ
1ℓ
把水桶換成3ℓ
3ℓ
1ℓ 1ℓ 1ℓ

030

# 給人留下好印象的「中斷法則」

當你想和某人建立良好的關係時，應該會考慮盡量多花一些時間和對方在一起吧？

這個想法雖然沒錯，但如果用錯方法反而會造成反效果。

**在人際關係中，頻率比深度重要得多。**

舉個例子來說，在從事業務工作時你和眼前的人聊得很起勁，即使認為這樣聊下去可以加深關係，但也要以九十分鐘或六十分鐘為限，自己主動中斷對話。

說實話，六十～九十分鐘很可能是聊到最熱烈的時候。

正因如此，我們才要就此打住。

對於覺得這實在很難辦到的人來說，可以在一開始時就先安排好在六十或九十分鐘的聊天後，有另外的活動要參加。

在聊到最熱烈的時候告訴對方：「啊，都已經這麼晚了！明明聊得正起勁說！」這應該是最好的結束方式。

如果當天一直聊到滿足為止，而忽略了下次再見面的機會，就可能適得其反。

**實行中斷法則，能讓對方和自己輕鬆地安排好接下來的行程。由於步調不會被打亂，可以成為讓對方想頻繁見面的人。對彼此來說，還能一直保持著新鮮感。**

這個方法可用於商務或是私人約會上。

與受歡迎的人相處能讓人回味無窮，雖然我不懂就是了。

# 031

# 問題出現後再處理

雖然事前準備很重要，但很多人會在準備階段就想得太多而無法行動。

**準備六成左右就好。不，低於六成也可以，總之先試著做做看。等到出了問題再應對就好。問題本身不是問題，如何解決才是關鍵所在。**

簡而言之，就是別囉囉嗦嗦的。立刻動起來！

只要行動就會發生問題。

沒人希望發生問題。可是，若覺得聽別人的意見很麻煩，只靠自己一個人不停地思考，等到弄得一個頭兩個大時，腦袋真的會重到動彈不得。

稍微離題一下，我以前曾在工作中遇到一個怎麼也合不來的人，每次見到他都會弄得一肚子火，甚至影響到工作。不幸的是，再怎麼不願意，我也必須和這個人來往。那麼，後來我是怎麼解決這個問題的呢？

雖然聽起來像是玩笑話，但我決定將他想成是前世救過我一命的恩人。

這麼一想，不但精神上變得輕鬆了，工作也順利多了。

這是我不得不要和合不來的人來往時的解決方法。

因為發生了一個問題，使我獲得一個解決人際關係的方法。

只要記住這個方法，下次遇到不擅長應付的人時就會應對了，也不會產生無謂的討厭感。

**結論——出了問題也沒關係，重要的是之後如何面對，可以想想問題到底出在哪裡。出現相同問題時，要避免重蹈覆轍。**

不斷地累積經驗，自己的武器就會增加。

032

# 時間是生命的剩餘時間

你可曾這麼思考過時間呢？

一天有一千四百四十分鐘，一個月有四萬三千八百分鐘，一年有五十二萬五千六百分鐘。

或許有人會想：「幹嘛算得那麼仔細？」

但我只想說一句話——時間可是生命的剩餘時間。

對待「時間」的方式會大大改變人生的意義。

比方說，假如你有一個一年後想要達成的目標，那麼就先從如何利用今天的一千四百四十分鐘開始。不斷將一個月的四萬三千八百鐘累積起來，就會形成一年後，也就是五十二萬五千六百分鐘後的自己。

在二十幾歲時我只顧著四處奔波，在身上沒有什麼錢的情況下，沉迷於努力的狀態。堅信只要安排好計畫，就能離目標更近一步。然而，所有的努力都徒勞無功，幾乎沒有做出什麼成果。不僅如此，有時還會搞錯努力方向，離目標反而愈來愈遠了。

你的時間現在也正在一秒一秒地流失。

有時雖然也會出錯，但還是盡量減少偏差比較好。

在公司加班到末班車到站的時間是正確的努力嗎？揮汗動起來就能成為理想的自己嗎？

這難道不是沉迷於「努力的自己」嗎？

重要的是——從目標倒推回去，只做必要的、應該做的事情。

透過不斷地明確目標，不僅可以弄清處什麼是該做的事，連不做也可以的事也會變得清晰起來。盲目的努力，或者只是為了將計畫排滿才安心的努力，是不會有結果的。

你在本月的規劃中，安排了幾個更接近目標的計畫？

你在本週的規劃中，安排了幾個更接近目標的計畫？

你在今天的規劃中，安排了幾個更接近目標的計畫？

再說一遍。

時間是生命的剩餘時間。

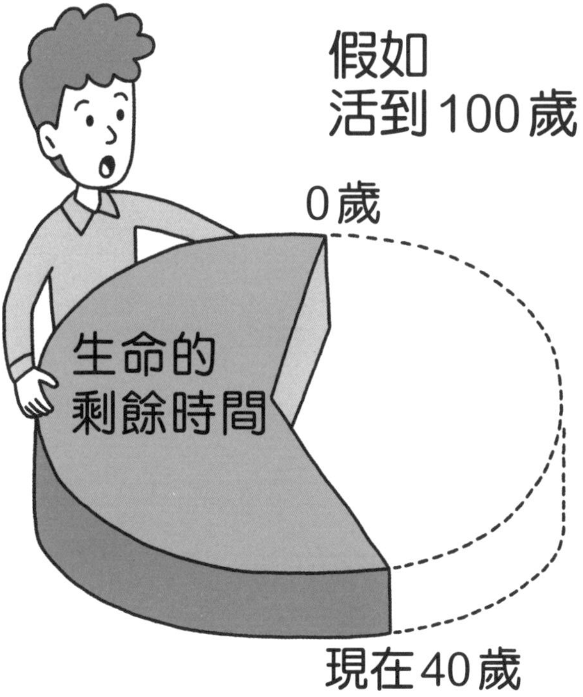
假如
活到100歲
0歲
生命的
剩餘時間
現在40歲

033

## 不自覺浪費時間之人的10大特徵

| |
|---|
| ①決定不了什麼事不做 |
| ②視野狹窄 |
| ③沒有慣例 |
| ④飲酒過量 |
| ⑤假日睡到中午 |
| ⑥缺乏體力 |
| ⑦沒有自我規則 |
| ⑧資訊過多 |
| ⑨不進行計畫管理 |
| ⑩朋友太多 |

034

| 珍惜時間之人的9個特徵 |
|---|
| ①知道時間＝生命的剩餘時間 |
| ②有著以一年為單位的目標 |
| ③決定什麼事不做 |
| ④醒來3分鐘後起床 |
| ⑤有慣例 |
| ⑥有5分鐘便立刻動手 |
| ⑦善於委託他人 |
| ⑧以分鐘為單位安排計畫 |
| ⑨把完成工作的時間縮到最短 |

035

## 失去信用之人的11大特徵

①狡辯的天才

②經常自吹自擂

③關心眼前的利益

④光說不練

⑤若無其事地說謊

⑥滿口理論

⑦隱瞞很多事

⑧沒有時間觀念

⑨冥頑不靈

⑩不接受他人的意見

⑪常把過去的英勇事跡掛在嘴邊

# 3章

# 六成努力就能帶來成果的【工作習慣】

036

# 愈能做出成果的人，愈善於抄襲

有些人對原創特別堅持。

這種精神本身沒什麼問題，而且是件很棒的事。

但是，你不覺得太過拘泥於原創反而繞了更多的遠路？

說實話，「抄襲」前人的做法反而更有可能成功。

效率也一定比較好。

保留至今的做法都是前人花時間製作、嘗試、改良的集大成手段。

你認為自己有辦法一下子就找到劃時代的方法嗎？你那個所謂劃時代的方法，或許前人早已經嘗試過了，且順利進行的可能性非常低。

就算如此，我也不是否定對原創的追求。

所謂原創，是從模仿前人開始再加上個人風格所產生的。

## 愈做不出成果的人，愈執著於獨特做法。

事實上，我也是那種沈迷於獨特做法的人，尤其是在20歲創業時。

那時我因為謎樣的自信與莫名的自尊心，過度拘泥有別於他人的做法和方向，導致徹底迷失了方向。

看著那些模仿別人、請人幫忙，最終才做出成果的人，我會瞧不起對方，認為他難道一點自尊心也沒有嗎？

我有自信自己付出的努力比別人多好幾倍。

然而，卻完全做不出什麼成果。

非但如此，我甚至失去自信，變得害怕行動。

幸運的是，在我放棄之前學會了抄襲的重要性。大部分的人都在這個關鍵點上放棄了，且辭去了工作。

堅持要有與眾不同的做法和方向，這件事本身就是偏差。直到我徹底失敗之後我才意識到這一點。

「為了做出成果而必須做的事」和「堅持要有與眾不同的做法和方向」，是兩個不同的解決方案。

堅持要有與眾不同的做法和方向的人，我認為其根源在於「受認可的需求」。我自己也是一樣。現在回想起來，當時實在太不成熟了。

原創確實很酷。

但那是做出成果之後的事，況且，自認是原創的東西可能早就有人做過了，根本算不上是原創。

幾乎所有的成功者在開始做某件事時，都是靠抄襲才做出成果的。

抄襲的最大好處並非學到成功的方法，而是可以減少失敗的機率。

不抄襲前人經過不斷失敗後才得到的答案，是愚蠢的策略。

帶著自我警惕，送給大家下面這句話：

愚者從經驗中學習，

智者從歷史中學習。

037

# 贏得信賴，就能迎來賺錢機會

怎樣才能有效率地賺錢呢？

這必須瞭解現代金錢遊戲的規則。

現在這個時代，金錢會聚集到值得信賴的地方。

與成本無關，只要從中發現信用和價值，金錢就會聚集過來。

若在不瞭解這一點的情況下盲目行動，就會陷入再怎麼工作都賺不到錢的狀態。

最容易理解的是企業廣告。

舉例來說，與其花錢請擁有全國知名度的藝人，還不如請來擁有5萬粉絲的網紅，請他們協助推廣，現在用這種方式效果更好。

這是因為網紅比藝人更能獲得社會大眾的信任，可以輕易地大肆宣傳。

在當今這個時代，大多數人都明白電視已是贊助商的天下，不太受到信任。

反觀沒有太多包袱的網紅，給人一種像在說真心話的感覺。事實上也有網紅會承接業配，從而獲得高收入。

在不使用社群網站的情況下，更是講求信用。

現在的資訊是透過網路商品化的……啊，我想說用商品化這個詞，說不定會被當成是很能幹的人，所以就試著用了一下。

簡單來說，以餐廳為例，就算料理都很好吃，服務也很周到。但說白一點，味道和服務這些可以量化的東西實在很難做出差異性。

那麼，人們會聚集到什麼樣的店家，且心甘情願地掏出錢來呢？

那就是值得信賴的地方。如果認識的人開了一家一心一意追求美味的餐廳，會想把錢花在那裡也是人之常情。

與成本無關，只要從中發現信用和價值，金錢就會聚集過來。

這點不只適用於經營餐廳的人，對上班族也受用。金錢和工作會來到值得信賴的人身上。

說信用＝金錢
一點也不誇張。

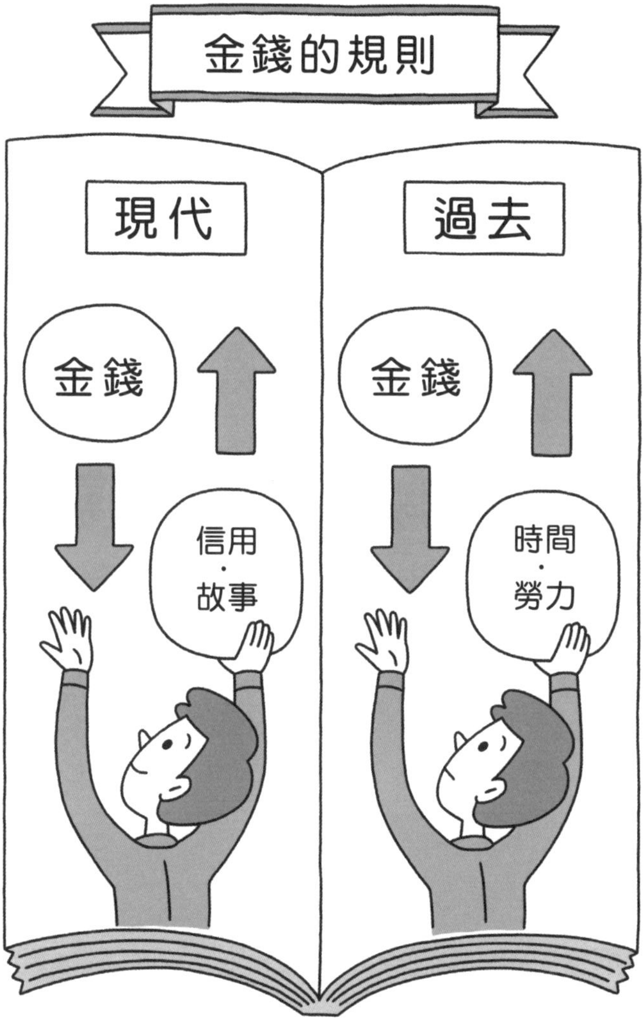
金錢的規則
現代
金錢
信用
・
故事
過去
金錢
時間
・
勞力

038

# 打造營利變現的大腦

話說什麼是**營利變現**（monetize）?

就是收益化。

培養自己賺錢的能力是很重要的一件事。

這不限於從事副業或經營社交網站的人，也和上班族有關。

例如，個人企業主要靠什麼來提高獲利？

上班族該在什麼地方努力，做出什麼樣的成果，才能提高薪水呢？

若不想這些，收入就不會提高。只做交代的工作，什麼也改變不了。

這裡最重要的是「看清要進軍的市場」，

還有「比起想做的事，選擇自己喜歡且擅長的事」。

打個比方，雖然對足球很有興趣，但如果踢不好，就無法成為職業選手，也就賺不到錢了。

就算你有過人的運動神經，但如果從事的是冷門運動項目，賺錢的可能性也不高。

這時正確答案是：如果是喜歡且擅長的運動，就選擇能賺錢的熱門運動項目。

你是否在正確的市場中發揮自己的特長呢？為了在市場中取得優勢，你是否被賦予稀有的價值呢？

注意到這一點的商務人士出乎意料地不多。

039

# 選擇喜歡也擅長的事

作為上一頁的補充，當讀到「比起想做的事，選擇喜歡且擅長的事」這句話時，你有什麼想法呢？或許有人會覺得：「就算這麼說，我也沒什麼擅長的事」，然後自顧自地生悶氣。

看似瞭解自己其實一點也不瞭解，這就是人類。

在發現自己缺點的部分明明是天才，但在發現優點的部分卻像是留級生。

為什麼我會這麼說呢，因為擅長的事對自己來說是理所當然的。

把焦點放在理所當然的事情上，非常困難。

剛開始舉辦研討會的時候，我總是很在意自己的缺點。

但是，來參加研討會的人的反應才是我該關心的事啊！

## 比起自己想做的事，做讓相關的人開心的事更有助於收入。

自己想太多不是一件好事。

客觀看待固然很好，但這次客觀看待的你自身主觀上的客觀看待（有點饒舌……），所以會有干擾。

只要問別人的意見就好了。

到了一定的年齡後，很多人都不大會去問問別人的看法。正因如此，很多時候只靠聽就能解決問題了，讓你得以和大多數人拉開差距。

誠實是最大的智慧。

如何選擇傾聽對象這也很重要。最好是沒有過去的偏見，當過兩～三年朋友的人。如果又從事副業，或有多種收入來源那就更好了；他會告訴你你擅長什麼，可以在哪裡賺到錢。

即使是在同一份工作，咬緊牙關、全力以赴的人，也敵不過選擇做自己喜歡、熱衷的事情的人。

# 040

# 成為好相處的人，人流自然聚攏而來

一匹狼、孤高的天才——我在二十幾歲時為了給別人這樣的印象，總是虛張聲勢地耍帥。到了四十幾歲，我都會笑自己當年淨做些白費功夫的事。

想要獲得他人的信任（金錢），就必須營造出能讓人聚集在自己周圍的狀態。為了達到這樣的狀態，需要哪些條件呢？

答案是，成為對方心目中「在肉體、精神和金錢方面都有好處」的人。130頁對以上內容有詳盡的描述，希望大家閱讀一下。

這裡的內容是那一頁的前驅階段。所有的基礎都有一個絕對條件，那就是成為**好相處的人**。無論具備了多少能給對方帶來好處的技能，如果你是讓人難以接近的高傲孤狼，那連讓你發揮的機會都沒有。

要成為好相處的人，起碼要掌握下面三個訣竅。

①示弱

②說真心話

③不生氣

可愛的人討人喜歡；但沒有弱點、不吐露半句真心話、愛發脾氣的人，當然惹人討厭。但不能把這些點和偽裝、被人瞧不起混為一談。重點是展現自己的個性，保持開放且堅決的態度。

這樣的人更容易和他人相處。成為一個容易相處的人，各種情報就會聚集到你身上，使自己受益。

041

# 樹敵絕對是大忌！

一流的人不會樹敵，甚至能化敵為友。

這是工作或其他事情上都通用的法則。

我直到創業二十年後才明白「絕對不能樹敵」這個道理。

為了達到這個目的，徹底遠離討厭的人非常重要。

人不可能喜歡所有的人，那是有限度的。

如果因此而攻擊對方，將對方視為敵人，那自己也很可能成為攻擊的對象。

無論對方有多麼令人討厭，都不要傷害對方。

畢竟，一個人的復仇心很難消除。

總之，別和討厭的人扯上關係，這樣，緣分自然就會慢慢切斷。

戰爭是正義與正義的碰撞。人際關係也一樣，大家都生活在各自的正義體系裡，所以不要玷汙對方的正義。

**即使遭到攻擊，也不要做出反擊。最好的辦法就是無視。**

有一點需要注意，有些人會為了增加夥伴而故意樹敵，透過這種方式來召集志同道合的夥伴。這是非常簡單的增加夥伴的方法。

我也知道，這是一種做法，但我不會這麼做。

說到底，這樣不是很遜嗎？你只是想耍帥吧。

而且，別忘了，這種行為就像是迴力鏢，總有一天會打回到自己身上的。

042

# 不要輕易否定他人人格

我想每個人的心中都有絕對無法原諒的人。

如果這個人是私下認識的，那麼只要不接近對方就好了，但如果是工作上不得不來往的對象，那就沒辦法了。這時候，最好試著換成——你是你，我是我，這種想法。

意見不同時，若其中還包含著謊言、令人不快的言語，會生氣那也是理所當然的。

不過，否定對方人格也沒什麼好處，因為你是你，我是我。

如果你對對方的言語有什麼想法，不妨試著詢問對方。

要是這麼做仍然解決不了的話，就巧妙地忽略，就此打住。

重要的是意識到他的發言和他的人格是不同的兩碼事。

同一句話可以有各種詮釋，這取決於你的解讀方式。

更何況成長環境不同，會產生誤解也是很正常的。

因為對方說的話而生氣、攻擊對方人格，不用想就知道，所面對將是強烈的反擊。

這不僅會讓自己感到不舒服，也會讓對方留下好的印象。

話雖如此，人還是很難控制住情緒。我非常理解這種心情。

不過，曾有人說過：「冷靜的人最強，感情用事的傢伙不會贏」。雖說我還是不懂就是了。

043

# 不瞭解比賽規則，只會輸得一敗塗地

沒有掌握好規則就無法在比賽中獲勝。如果不懂規則，管他是棒球還是足球都只有輸球的份，甚至連比賽都算不上。

例如，有人在足球比賽中突然伸手拿球，你會怎麼想呢？

你不覺得對方應該要先瞭解規則後再上場嗎？

和足球一樣，賺錢和用錢的方法都有其規則，不知道這個規則的人出乎意外地多。

大部分的人根本就不知道有此規則的存在，就算知道也幾乎只有粗淺的認識。

人大多都過著缺乏金錢教育的生活。

委婉一點地說，就是財務素養低落。非但如此，甚至一提到錢就遭人嗤之以鼻，這樣的行為可說是受到非常嚴重的洗腦。

我想大家應該都知道「開源節流」的道理。

但幾乎沒有人理解賺錢的規則。刻意不看房間裡的大象。

就算是我，也有一段時間抱持著「努力就有回報」而揮汗如雨，沉迷於努力之中。但當挫折感超越不甘心時，就會開始幻想「這樣的我其實也很帥吧？」事後想來真的很可怕。

即使是動漫裡的超級英雄，憑著勇氣和努力克服困難後，最終也賺不了錢。

說到賺錢，全看你是否能找到賺錢的行業，或是具有賺錢的技能。

**無論能力再強，只做不賺錢的事，就賺不了錢。**

金錢是在人與人之間流動的。

當你能帶來幫助且具稀有性，對那些需要這種服務的人來說，你就是有錢人。要是不明白這個規則，你只是在浪費你的時間和能力。

044

# 緣分不必刻意切斷

最好不要樹敵、不要否定對方的人格——雖然前面寫了很多，但我想說的是，沒有必要刻意切斷與他人的緣分。

**緣分會自然而然地變淡，貿然切斷只會帶來損失。**

正是因為不想和對方深入交流，甚至到了想斬斷緣分的程度。所以，保持若即若離的距離才是最好的，說到底對方也不過是個外人。

不管我們走到哪裡都是外人，即使是夥伴或夫妻關係也是一樣。

希望各位有餘裕去享受「對方是他人」這個事實。

一直以來我都很重視朋友。

也經常和朋友過從甚密，結果常常因為對方的迴避而受傷。

不過，這也是自己招來的結果。只是擅自深入，擅自受傷罷了。

說句題外話，即使不主動切斷緣分，只要自己往好的方向改變，負面和討厭的人就會主動離開。

假如你的周圍淨是一些討厭的人，那就表示是你召喚這些人過來的。

畢竟有這麼一句俗語——花朵招來蝴蝶，大便引來蒼蠅。

吸引討厭的人過來，表示你是大便。

物以類聚。

咦，這種說法算委婉嗎？

**總之，沒必要主動切斷緣分，更不要樹敵。**

**儘管放心，緣分會自動切斷。**

# 045

# 不可輕忽個人頭像，請設為大頭照或肖像插畫

「臉」具有力量。

心理學上有個法則——人天生對有眼睛的東西抱有好感。

有沒有眼睛，帶給人的感覺完全不同。

有些人會將LINE、Twitter、電子郵件的個人頭像設為風景照，可是這樣一來別人就不知道你是什麼樣的人，也不會對你感興趣。

**希望你能意識到：即使是一封電子郵件，如果能看見寄件人的臉，感覺應該也會有所變化。**

我聽說大部分導入遠端工作的公司，都會建議把電子郵件的個人資料頭像設成大頭照。

也有人堅持拒絕這麼做，繼續使用風景照當作頭像的。

我並沒有否定這種行為的意思，可是，這樣的人只會吃虧。

設定大頭照不但對自己有好處，也能給對方一種親切的感覺，既不花錢，也沒壞處。

**明明知道卻不這麼做，我看大概是「自我意識過剩」吧。**

沒必要對設定大頭照這種小事懷有謎樣的執著。

最好能讓收到訊息的對方，對你產生容易理解、容易親近的感覺。

046

# 成為第一手的情報來源

無論是銷售或私下場合，「說出第一手情報」是與對方拉近距離的訣竅。

第一手情報是指自己親身經歷過的真實事件。

沒有第一手情報的人，說的話總給人一種膚淺的感覺，在真正意義上很難讓人感興趣。

當然，同時具備分享自己見聞和聆聽從別人那裡得到的情報的能力是最好不過。

可是，你會對只說個人見聞和道聽途說的人感興趣嗎？

比起說什麼內容，更重要的是說的人是誰，這就是現實。

以我為例，我從二十歲開始創業，至今超過二十年，克服了兩次事業失敗，縱貫日本南北，有十五個收入來源，也是三姐妹的父親……四十幾歲，經歷過各式各樣的經驗，得以根據對方的情況來談論自己的經驗。總之，實際有過各種經驗的人所說的話更具感染力。

在客戶那邊推銷商品或服務時，除了介紹商品的優點外，只要讓對方產生「想向你購買」的念頭，就算是勝利了。因為之後會出現與推銷商品的人產生連結的附加價值。

愈是聰明的人愈能像這樣拉近與對方的距離。若希望優秀的人聚集在你的周圍，最好擁有豐富的第一手情報。

坐而言不如起而行。

如果不透過實際行動去體驗各種事物，就會變得膚淺無知，年紀愈大愈不受人重視。

# 047 始終陪伴客戶，一起成長

我只對「持續賺錢」感興趣。

聽起來雖然像是放生宣言，但如果你的目標是炒短線的話，那就不用看下去了（騙你的啦，希望你能看下去）。

我想告訴大家一件事，如果你希望持續賺錢的話，那做生意時就不能利用人性弱點。比如對缺乏資訊的人用類似詐騙的手段做投機生意，這樣只會不斷重複失去舊客戶、尋找新客戶的過程。這不僅違背了自己的正義，更重要的是，這是一種很沒效率的做法。

與其每次都得繼續尋找新客戶，倒不如讓既有的客戶開心。

若以持續賺錢為出發點來思考，最好的模式就是雙方一起持續成長。

如果客戶本身也能賺到更多的錢，那自然就會有更多的錢花在你身上，這樣是不是比較有效率？我希望客戶都能變成回頭客。

**和客戶建立信賴關係，一起成長，這樣的關係是最理想的。形象上很接近一起發展的小村莊那樣的感覺。別只為了自己著想，而是大家共同發展。**

這樣一來，全村的經濟規模就會擴大，因而創造出新的生意。大家的水準提高了，提供高單價的服務也會變得容易許多。共同發展勝於競爭。

透過購買我們的商品和服務，客戶也能不斷地發展下去，這樣就能持續賺錢。最理想的狀態是，客戶在購買了商品或服務後，對我們更加信賴了。

為此，必須發自內心地關愛客戶才行。

關鍵就是愛。說出這個結論連我自己都覺得肉麻，但我不討厭就是了。

有愛村莊
回頭率
100%
高級店
新生意
村長
品

新村民
大歡迎！
村長
歡迎光臨！
快來看看！
八折優惠！
超便宜
輕鬆獲利！
歇業
被騙了…
真無聊…
去匆匆
去匆匆

048

# 先給我去洗碗啦，笨蛋！

突然罵別人笨蛋什麼的，不太好吧！我真的有在反省，但請容我繼續說下去。

雖然是老生常談，但請愛你的家人：愛太太，愛孩子，愛父母。

所謂的幸福，就是讓身邊最親近的人幸福。

我想對正在閱讀本書的人大喊：「至少給我去洗碗啦，笨蛋！」我又失態了，很抱歉我的情緒有點不穩。繼續說下去。

說起來，如果一個人無法關心、體貼自己最重要的家人，不能做出讓家人高興的行為，那麼工作上也做不出什麼結果的。

好了，讓我們把書放下，去洗碗吧。

049

# 人會聚集在可帶來「金錢、肉體、精神」的福星身邊

我有次詢問尊敬之人關於與人交往的問題時，對方給了我這樣的答案。當時的我認為沒有比這更一針見血的話。

無論話說得多麼漂亮，人與人之間的交往都是基於金錢、肉體（健康）或精神上的好處。

簡單來說，只要成為至少能給予這三個好處之一的人就可以了。只要成為那樣的人就沒問題了。

這裡又人在說：「就算你這麼說，我也沒有那種能力。」之類的藉口，身為處女座的你（？），不用想得那麼複雜，你也可以成為別人「想要支持」的對象。因為光是「想要支持」的心情就可以成為對方的精神支柱了。

不是只有給予才稱得上是能力，讓別人願意給予也是一種能力。

明明都那麼努力了……
別老是這麼說，
試著想想
能給對方帶來哪些好處，
視角就會改變。

050

# 別找交情超過五年的人商量

在「選擇喜歡也擅長的事」（110頁）一節中有稍微提到這個概念。對工作感到迷惘的時候，找認識超過五年的人商量是最糟糕的做法，可是大多數人往往會這麼做。認識很久的人對你一直都懷抱著過去的印象，多半不會關注現在的你。像是遇到小學同學時，就會聊起當年的往事。就是這樣的意思。

只有兩到三年交情的人，才是最適合的商量對象。

**和只認識「最近的你」的人商量，對方就會給出適合現在的你的建議。**

尤其是有副業、有多個收入來源的人更好，若能找到擁有你理想中的生活形態的人商量最好。舉例來說，如果想踢好足球，我想一般都會請教擅長踢球的人。

然而，說到賺錢、工作、人生時，卻都會立刻找談得來的人作為商討對象。這不是有點怪嗎？

找交情不錯但卻不喜歡挑戰的朋友問：「我想從事副業，你覺得如何？」對方當然會說：「別衝動！這太危險了！」

一旦問錯人，人生也會跟著錯下去。

# 051

# 掌握「設定目標的能力」而非「達成目標的能力」

具有強大的「目標設定能力」的人，人生比較輕鬆。

我在「努力是無法持續的系統」（30頁）中提過我還是上班族時的故事。我在從事業務工作時，公司裡有一條惡魔般的規定——除了高層外，其他人都必須加班拿到訂單。

我雖是菜到不行的菜鳥，但已經很討厭加班這種行為了。

就算是這樣，我也不能無視規定就徑自下班。但我根本不想為了設定這種垃圾規定的公司而努力，更何況我對銷售冠軍這個頭銜一點興趣也沒有。

當時我做了一件事，那就是重新設定目標，也可以說是改變目標的意義。

那時候大女兒剛出生不久，我每天都只想待在家裡陪女兒。

所以我的目標變成「得到不需加班」的優待票。

只要成為銷售冠軍，我就能早點見到女兒和妻子。

你可曾帶著雀躍愉快的心情以「達成公司交代的數字」為目標，完成工作呢？

即使達到目標，也必須付出更多的努力，最後才能氣喘吁吁地說：「呼呼，好不容易拿下第一名了。」就我而言，為了達到公司的要求，我只能付出努力並承受痛苦。

最好具備設定目標的能力。

為了持續賺錢，比起達成目標，更重要的是將「自己打從心底想做的事情」設為目標。

下面再說說當年從事業務員的後話。從進公司第三個月開始，半年來我的業績都保持在第一名。但有一天上司把我叫去，他告訴我：「你是菜鳥，所以必須加班。」

之後的三個月，我故意不接任何業務，當然也讓公司蒙受損失。

**如果你是公司的管理層，**
**具備讓部下具有巧妙設定目標的能力，**
**絕對沒有損失。**

努力讓人疲憊，
到了覺得必須努力時
就完了。
那是無法持續下去
的證明。

銷售冠軍
銷售冠軍
想早點見面！
噠噠噠噠噠

# 052

# 消除憤怒的方法

只要活著就會遇到討厭的事情，我當然也一樣。

遇到討厭的事情時，有個方法推薦給大家。只要開口說「全是假的！」或「沒什麼」，這樣討厭的事情就會消失得一乾二淨了。我並不是在開玩笑。不，稍微當成玩笑話也好。

**感到討厭的時候，最好意識到自己正變得意氣用事。**

雖然只要冷靜下來就好了，但這不是一件簡單的事。

我還不成熟，有一大堆討厭的事。

例如，如果有人工作時不遵守約定，我就會在心中大罵「你在開什麼玩笑」。

然而，任由情緒擺布，衝著對方發脾氣，這並不能解決任何問題。

必須冷靜地告訴對方，讓對方明白。如果在這種情況下怒罵對方，只會在對方的記憶中留下「被兇了」的強烈印象。

這樣不但會讓對方感到害怕，也無法確實傳達你想傳達的內容。

所以，要在心中默念「全是假的」、「又沒什麼」，或者直接說出來也可以。

老實說，這樣子傻到讓我實在忍不住笑了出來。

把生氣的焦點轉移到好笑的點上。

把對方的失誤當成耍笨來吐槽。

這樣一來，自己的意識就會認為「這不過是對方在耍笨」。

發生的事情本身並沒有意義，要賦予它什麼樣的意義全取決於自己。

如何讓大腦朝心情好的方向思考，這點非常重要。

「全是假的」、「又沒什麼」。

只要說出來，討厭的事情就會消失，沒有比這更簡單的情緒管理法了。

053

# 完美主義會導向孤立

拋棄完美主義吧。

完美的人不需要人幫忙，所以會逐漸遭到孤立。

真正被愛的人，是周圍都想幫助他的人。試著想像一下嬰兒，或許比較容易理解。

愈是讓人想幫助，就愈容易聚集到人。

希望你可以先拋開情感，試著思考一下好處。

即使你對經常幫助自己的人心存感激，但你會覺得這些人很可愛嗎？

比起這些，自己想要幫助的人不是更可愛、更重要嗎？

的確，當自己幫了某些忙，對方就會有所回報。但這只是所謂的「回應性原則」，對方只是因為接受了你的幫忙才給予你回報罷了，和被愛是兩碼子事的可能性很高。

將這個概念換成戀愛就容易理解多了。
如果什麼事都替對方做，就會讓對方覺得稀鬆平常，反而忘了感謝。
一旦忘了感謝，付出方心中的不滿就會愈積愈多，結果導致關係惡化。
有些人也許會生氣地指責：「我都做了那麼多事了！」

雖然這麼說有些嚴厲，但這是你的錯。
是你做得太多了，且把對方的感謝當成是理所當然。
與其讓自己成為什麼都會的完美之人，不如給別人一個想要幫你的機會。
別隱藏自己性格上的缺點和弱點，這樣才會受到其他人的重視。
愈想做到完美，人就愈想離你而去。
反之，讓對方幫助你，人就會聚集過來。

**這下子你發現該怎麼做才對自己有好處了嗎？**
**你可以當個更沒用的人。**

# 054

# 會賺錢的人不等於優秀的人

這是我經營二十年事業的真實感受——會賺錢的人不見得是優秀的人。

下面逐條列出我認為成為會賺錢的人的訣竅：

- 溝通能力勝於技能：技能固然重要，但如果不具備溝通能力的話，技能就無法發揮，也難以坐上能一展長才的位置。
- 效率勝於努力：努力雖然是項美德，但錯誤的努力是不會做出成果的。比起努力的人，為了輕鬆而提高工作效率的人，更容易賺到錢。
- 行動勝於學歷：學歷是過去的事。能對眼前的事物採取行動的人才厲害，不能把握當下就賺不到錢。

- **四成的餘力勝於百分百的全力**：人生很長，是場為自己所準備的比賽。如果你現在以百分之百的力氣全力奔跑，說不定就抓不住滾滾而來的機會。最好還是留下四成的餘力。
- **親切勝於說服**：說服可以取得暫時的同意。然而，過段時間，問題又會捲土重來。若能親切地與對方往來，人際關係就不容易出現問題；即使發生問題，也能和對方一起聯手撲滅小火苗。
- **持續力勝於才能**：即便有才能，也還要有使其開花結果的持續力和機制，否則在發揮才能前就枯萎了。
- **依賴勝於自尊**：自尊心太強、做不到依賴他人的人，遲早會碰到瓶頸。一定有比自己更厲害的人。練習依賴，巧妙地贏得他人協助，就會有好的結果。
- **譁眾取寵**：不是叫你欺騙對方。這是讓人以愉快的心情來行動的技術，堪稱是賺錢方面的最強技能。

## 055

# 不再過勞的十個工作術

工作很累人。尤其是不得不做的工作，更是讓人累到不行。

我年輕時也會用全部的力氣來應付所有事情，那時雖然樂在其中。但某一天，我突然對一切都感到厭煩。我只是單純地不善於和自己打交道罷了。

怎樣才能在不致於累積疲勞的情況下，愉快地持續工作呢？

我得到的結論就是「用六成的力氣就能帶來成果」的思維。

為了避免讓各位閱讀時感到疲憊，下面就先簡單分享一下：

・適度偷懶：適度地偷懶吧。覺得偷懶不好的人，不妨這麼想：適度偷懶能重新打起精神，效率一定能提升。

・立刻動手做：最好別讓任務留在大腦中。即使正在做其他事情，大腦也會在背景中不停地想著「得做那件事」。不完美也沒關係，趕緊動手將那件事從腦子裡趕出去吧。

・保持六成的力氣：保持六成左右的力氣，既能應對緊急情況，又能抓住機會。倘若全力以赴，一旦，啪的一聲斷裂了，那就得不償失了。

・休息的時候就徹底休息：休息才能走得遠，但半吊子的休息只會留下疲勞。一旦有疲勞殘留，就無法有好表現。若將自己想像成運動員，就會知道休息有多重要。你和運動員沒什麼不同，都是靠腦力、體力在工作；該休息時就好好休息，否則很難把工作做好。

・盡快找人商量：只要有人商量，大多數的事情都能馬上解決。當然，這是以已經有合適的商討對象為前提。獨自煩惱只會感到疲憊，沒有任何好處的。在團隊中工作更需要商量對象，這樣才能降低給他人帶來麻煩的可能性。

・**適度的運動習慣**：流汗相當重要。運動可以加快新陳代謝，增強體力，也能快速消除疲勞。大腦一旦恢復活力，工作效率就會提升。

・**一週的正中間是放縱日**：星期三是身體和大腦都出現疲勞的日子，再加上後面還得工作兩天，導致精神也處於耗弱狀態。星期三：做自己喜歡的事，將其訂為重振精神的日子，這就是保持良好表現的祕訣。

・**只在該做的時候才做**：沒人強大到凡事都能全力以赴，也沒有必要這麼做。在該做的時候，做該做的事，只做該做的量就可以了。為此，也要列出工作的優先順序。

・**別對他人抱有期待**：對他人期望過高只會感到疲憊。依賴會讓人疲憊，說到底這終歸是自己的人生，如果有最後還是得由自己設法解決的覺悟，反而會變得輕鬆。

・**不依賴公司**：公司是別人的，你的人生是你自己的；所以要做好隨時都能辭職的準備。

巧妙地偷懶，
愉快地工作吧。

056

# 無視職場怪人的絕招

這是我在推特上的做法：如果被奇怪的人糾纏，我會先在那個人的推特上回覆，然後再悄悄地設成靜音，不讓那個人的發文顯示在自己的時間軸上。

一旦直接封鎖對方，也就連帶禁止對方瀏覽，系統也會向對方發出拒絕的通知，所以我從不這麼做。

對於懷有惡意的人，儘管也能封鎖，但我認為有些怪人是在自己不自覺的情況下，讓對方感到不舒服所招惹來的。

那麼話說回來，假若被怪人纏上時要怎麼做呢？

如果看到怪人傳來討厭的回覆，別和對方硬碰硬，以「是這樣啊」等方式回覆比較保險。

接著隨即將對方設成靜音！

這樣一來，那個人之後不管回覆什麼，也只是在喃喃自語。
雖然回覆一次會耗費精力，但不會讓對方覺得自己遭到無視。
設為靜音後，怪人的發言變成自言自語，我也眼不見為淨。
因為回覆過一次了，也不容易遭到怨恨或是惹火對方。

如果把這樣的場景換成公司裡的人際關係。

**愈是奇怪的人，日後如果成為敵人就會愈麻煩。**

這時最好祭出「和對方虛與委蛇，忽視後續交流」這招。
這樣的話，對方的腦中就會跑出「奇怪，我是不是做了什麼討人厭的事？」之類的疑問，也給了對方思考的機會。
總之，不要和奇怪的人正面硬碰硬。

**與其直接拒絕，不如稍微敷衍後再忽視，這樣的程度恰到好處。**

# 057

# 清楚表達「你能提供什麼」

知道自己能提供什麼的人很厲害。

舉例來說，如果想在推特上吸引到粉絲的話，那麼就應該在個人簡介的第一行寫出「自己能提供什麼」。不是「想提供什麼」，因為那是你的主觀想法。

若沒有寫出能提供什麼給觀眾，就不會有人感興趣。

有些人會寫出自己想要傳達的訊息，這種做法根本大錯特錯。

在商業上也是一樣的。

例如，有沒有人會在履歷表上寫出自己想做的事情呢？

若沒有寫出對公司會有哪些好處，就沒有意義了。

商業活動的核心不是「想提供什麼」，而是「能提供什麼」。

我想學
英語！
我會
英語！
履歷書
幹勁
十足！
履歷書
能夠
翻譯！
welcome!
下次
再聯絡
明天
來上班！

058

# 表現太露骨就遜了

如果你是業務員，但業績遲遲沒有起色，這多半是因為表現得太露骨了。
簡單來說，就是沒有得到信任。
很遺憾，這表示顧客不想找你買東西。
也就是你的幹勁和氣勢造成了反效果。

請想像一下朋友是保險業務員的情況。
朋友邀你一起去喝一杯，卻發現他的大包包裡塞滿了各式各樣的保險資料。不管怎麼看，那個朋友就是想推銷保險。
這時你難道不會想：「這傢伙今天還真有幹勁，找個理由閃人吧。」

得不到信賴，商品就賣不出去。
信賴不是一朝一夕就能贏得的。

要先讓對方瞭解自己。
雖是理所當然的事，可是一到現場之後，大多數的人就會變得盛氣凌人了。
想要理所當然地做到知道的事，唯一的辦法就是重複去做。
話雖如此，但也不能濫竽充數，必須分析眼前的人，思考要如何才能獲得對方的信任。
臨時邀請朋友去喝一杯，再藉機推銷保險，這個行為應該也是自己打算努力試試看吧。
然而，這麼做不僅沒有意義，還可能產生反效果。

**誰不想以最短路徑到達終點呢。**

# 盡早完成人生的作業

這也是我的人生主題。

人生的作業盡快做完比較好。

人生的作業就是平衡和理清**金錢**、**時間**和**人際關係**之間的關係，進入一種不必擔心金錢、時間和人際關係的狀態。

的確，沒人知道未來會變得如何。

但即便如此，也要營造出「自己沒問題」的信念。

就算失去手上的所有工作，我也有信心能在一年後恢復原狀。

解決目前金錢上的問題固然很重要，但誰也不知道人生會變得如何。

即使金錢被奪走，想法也不會被奪去。

為此，我絞盡腦汁思考「要如何用最少的時間賺取更多的錢」。

明確目標，捨棄不必要的東西。

我創業二十多年一直在做這件事。

**不需要眼前的利益。**

**學習持續賺錢的思維。**

**不花時間賺錢。**

同時隨著年齡增加，我還學到更有價值的技能，賺到的甚至比年輕時還多。

我的順序是先整理好人際關係，其次是獲得時間，最後金錢就會跟著滾滾而來。

如今的我每個月工作一百小時，年收入就有一千萬，還能和妻子、三個女兒一起過著悠閒的生活。你希望到何時變成什麼的狀態呢？

如果不能明確回答的話，應該也不知道該做些什麼吧？

人生可沒有長到可以把時間浪費在沒有用的事情上。

| 幸虧在二十多歲時捨棄的13件事 |
|---|
| ①找藉口 |
| ②放棄選擇 |
| ③玩到一半放棄 |
| ④把錯誤歸咎他人 |
| ⑤八面玲瓏 |
| ⑥微小的認可需求 |
| ⑦無意義的競爭 |
| ⑧不想做的工作 |
| ⑨批判他人 |
| ⑩不懂裝懂 |
| ⑪非出自本意的客氣 |
| ⑫自我厭惡 |
| ⑬以評論家自居的發言 |

061

## 無視就好的5種大錯特錯的忠告

| |
|---|
| ①有志者事竟成→別硬撐太久 |
| ②我是為了你好→是為了你自己吧 |
| ③沒有幹勁→問題出在環境 |
| ④現在的年輕人真是……→時代不同了 |
| ⑤不做也知道→你是神嗎？ |

062

## 不做，人生就會好轉的10個常識

①週末去喝一杯

②參加公司的聚餐

③定期會議

④和所有人和睦相處

⑤與他人競爭

⑥自我搜尋

⑦對依賴的罪惡感

⑧不切實際的品牌迷思

⑨只建立表面的人脈

⑩有志者事竟成的思維

# 4章

# 六成努力就能帶來成果的【生活習慣】

063

# 簡簡單單就能為形象加分

有個讓人覺得你是好人的超簡單方法。

那就是精神抖擻地打招呼，只要這麼做就能改變別人對你的印象。

打招呼的好處包括：

- 讓人覺得你是好人
- 得到溫柔的對待
- 得到關心
- 得到工作
- 給人開朗的感覺
- 得到幫助

・得到原諒
・得到邀約
・有異性緣

只是粗略列出來的好處就有那麼多。

我自己也有一段時期與精神抖擻地打招呼無緣。理由很簡單，因為我不太想和人打交道。對自己沒有自信，也不喜歡別人。

二十歲創業的時候，我常被罵說打招呼很重要，但我怎樣就是做不到。不過，這裡並不是想告訴各位打招呼有多重要，而是，用打招呼這方式給人好印象，這性價比實在太高了。

若能精神抖擻地打招呼，之後就能順利地往來。相反地，若無精打采地打招呼，只會給人不好的印象，還必須再多做一項恢復成普通印象的工作。我說過，其他方式的性價比很差。

當然，即使這麼說，仍然會有人覺得打招呼是件很麻煩的事。

我很怕生，尤其對不認識的人更是沒轍。

不過，之後想要再翻轉印象的話會更麻煩。

既然同樣都很麻煩，還是挑輕鬆的做比較好。

064

# 拋棄逞強、勉強、諂媚

人際關係中，一旦拋棄逞強、勉強、諂媚這三種行為，志趣相投的優秀人才就會聚集過來。雖然是簡單的一句話，但只要進入這個狀態，壓力就會消失了。

在構築人際關係時，聚焦的點不是對方，而是自己。

若想處理好人際關係，那麼重新審視自己才是最正確的，而非審視他人。

我原本就是一個集逞強、勉強、諂媚於一身的人。

我不想被人討厭，也不想輸給別人，卻又想受人喜歡。

然而，做這三件事非但不會受人喜歡，也得不到幫助，更不會受到提拔。

起初我都會把注意力放在周圍環境上，心想：「怎麼都沒有人注意到我？」

但是，當我不經意地環顧四周，才發現原來也有和我一樣的人；但我並不喜歡那個人。

客觀看待自我很重要。

**根據自己給周遭的人的印象，周遭的人對你的應對方式也會改變。**

常有人說人是一面鏡子。

試著客觀看待自己就會明白這句話的含義。

但這不是件簡單的事，即使明白也很難做到。

然而，一直拘泥於不想被討厭、不想輸、想被喜歡，想想其理由竟只是小小的自尊心作祟。不必為這種事抱持自尊心。

**應該抱持自尊心的是自己的人生。**

065

# 使出「請告訴我」來建立同盟

做法雖然簡單，但卻非常重要。

我想告訴所有不同立場的人，停止使用「我知道」、「我明白」、「我做不到」，而是以「請告訴我」作為回應。

只要這麼做，周圍的人就會成為你的夥伴。

由於我已經是經驗豐富的大叔了，因此有不少人都會向我尋求建議。

這時如果聽到對方說「我知道」、「我明白」、「我做不到」，就會讓我氣得火冒三丈。

我會瞬間心想：「不要和這個人扯上關係好了！」

進一步說，我絕對不想把這個人介紹給身邊的重要人士。

因為他一定也會做出同樣的回答，或甚至開始說教。

雖然沒必要討好他人，
但樹敵卻是種損失。
不斷成長的人，
無論年紀多大都很謙虛。

066

# 停止評論他人

最好不要評論他人。
所謂的評論他人就是抬高自己、挑別人毛病、翻舊帳，以及尖酸刻薄。
無論是公司或團體，都一定有在下班後的聚餐上，露骨地說著同事壞話的人。
一邊說著「我不是說壞話喔」，一邊挖洞給別人跳。

**在意他人的行為，是自己狀態不好的證據。**

如果生活順利就會看到他人積極的一面；如果不順利，就會看到他人消極的一面。
在意他人時，要先審視的應該是自己才對。

我也是在決定徹底瞭解自己之後，人生才開始好轉的。
把焦點放在自己的內心，就不會做出無謂的事情。
一直線朝著目標前進，就會更快到達終點。
儘管有時候還是會想評論別人，
不妨把這想成是——自己狀態不好的感應器正在發揮作用。

**在成為評論家的那一刻，就代表自己已經引退了。**
**如果還不想引退的話，最好不要評論他人，而是分析自己。**

067

# 決定不做哪些事情

迷失目標的人具有以下特徵：

- 眼前的利益勝於信用
- 短期思維
- 內心動搖
- 沒時間面對自己
- 容易隨波逐流
- 愛慕虛榮
- 弄錯來往的對象
- 視野狹窄

- 不敢表達自己的意見
- 還沒決定不做哪些事情

這裡需要注意的是「還沒決定不做哪些事情」這一項。

這點可以在此時此刻就做出改變；而且，只要做好這點，其他方面也能得到改善。

最好立刻就決定不做哪些事情。

以某件事為目標時，大多數人應該都會先列出要做哪些事情。確實，這點非常重要。但「決定不做的事情」也同樣重要。從人生的長度來看，這也是很重要的事。

一旦決定了哪些事情不做後，就會在心中形成規則。

人生沒有足夠的時間去嘗試所有的可能性。

如果在此時決定了不做哪些事情，就能輕易地對可能性做出取捨。

周圍就會都充滿情報。

如果一直都在尋找可能性，那就是在浪費時間。

決定不做哪些事情後，應該就會形成自我規則。

# 068
# 塑造你一生人際關係的名額頂多只有三十個

前面的內容曾經提到不要樹敵，但這不代表要增加關係不錯的人。
或許有人已經搞不清楚我在說些什麼了。
我能理解各位的心情，但希望大家能稍微聽我說一下，試著重新想一下。

你平時有在聯絡的人，我想頂多只有三十個人吧。
不，說不定少到只有十人或五人。
如果撇開工作上的往來，那人數會不會更少？
冷靜思考一下，應該就會發現平時會想聯絡的人並沒有想像的那麼多。

反過來說，管它是三十人、十人還是五人，如果超出自己的容許範圍，就無法建立新的人際關係。

## 你心中的人際容量是有一定數量的。

斷了和某人的交流後還會產生新的交流。

當然，我認為也有人際關係持續減少的人存在。

我想表達的是，我們不可能經常和一百個人、兩百個人保持聯繫或見面。

明明人際關係的座位有限，但卻讓一旦扯上就會感到壓力的人坐下，對你來說是什麼感覺呢？沒必要勉強自己和對方來往，最好的方式就是讓這些人慢慢淡出。

沒有必要因為寂寞而讓討厭的人坐在珍貴的位置上。

空出位置就會有新的邂逅。

那時的你若帶著好心情，就會遇到讓你心情愉快的人。

人是一面鏡子，就好比花開自能招來蝶。

接下來，希望大家讀到最後再做判斷。
我認為一年沒聯絡的人可以說幾乎是陌生人了。
因為這表示整整一年你並沒什麼事情需要找那個人。
可能你會覺得這句話很無情。但如果一整年都沒有往來的話，下次見面時也必須像初次見面的人一樣對話。

當然，還是有能立即回到當年交情的那兩個人。
不過，同樣條件也能產生新的邂逅。
我的意思不是說要斷絕關係，
但既然沒有見面的理由，那就只能到此為止了。

**人際關係是不斷新陳代謝的過程，**
**希望自己的寶貴位置能留給最好的人。**

和會帶來壓力的人來往
只和喜歡的人來往

069

# 瞬間抓住對方的心的贈禮法則

說白了，這個方法和作弊沒什麼差別。下面將說明如何贈送禮物，有效抓住對方的心的方法。想抓住眼前這個人的心，慶祝生日就是件很重要的事，我想大家都是這麼做的。

不過，更有效的方法是，在那個人的家人、朋友、寵物過生日時送禮物。這麼做就能一口氣牢牢抓住對方的心。

這是當然的，因為人們已經習慣在生日那天收到祝福了，但幾乎沒有別人會幫自己的家人或寵物慶祝生日，這樣的稀有性和驚喜程度十分重要。

值得一提的是，在挑選禮物時要注意一件事情，那就是禮物的金額要控制在對方有能力回禮的範圍。人有一種名為「回應性」的心態，期望能給對方稍多一點的回報。儘管如此，倘若只憑自己的感覺而贈送過於貴重的禮物，就算對方一開始很高興，但也會因為不知道該怎麼回禮而煩惱不已，這樣一來反而會帶來反效果。送昂貴禮物給人際關係不怎麼好的人也會適得其反，請避免這麼做會比較好。不是憑主觀來送禮物的，而是想像送禮物之後的情景，我認為這樣送禮物才是懂得人情世故的人。

此外，若想抓住人心的話，我的做法是若沒什麼事也要用ＬＩＮＥ或簡訊傳些問候的訊息，但用突襲的方式就好。如果對方詢問：「為什麼傳訊息給我？」就用介於精神病患和超能力者之間的台詞來回答：「因為我的腦中突然浮現出你的臉呀。」

這招推薦給沒有女朋友的男性，在工作上也很有效。人會因為有人記得你或想到你而感到開心。

070

# 減少人際壓力的八個訣竅

該如何減少人際壓力呢？我歸納出八個訣竅。

為什麼是八個啊？A型的你就是會在意這種小事！

其實沒什麼特別的理由，請饒了我這個粗枝大葉的O型人吧。

①決定上社群網站的時間：社群網站有好的一面，也有壞的一面。不要在社群網站上四處閒逛，把時間浪費在與人打交道上。

②每天花十分鐘以上的時間面對自己：比起瞭解他人，先瞭解自己比較重要。建議每天開十分鐘的自我會議（參照52頁）。

③選擇和誰來往：一個人是被人磨出來的，同時也是被人削弱的。

④保持一定的距離感：即使關係密切也不要喪失禮貌，再怎麼親密也不要忘記對方是個外人。

⑤偶爾也可以逃避：實在不行的話就逃避吧，別勉強自己被虐待。

⑥參與多個社團：倘若一直躲在一個社團中，就會覺得這個社團是全部的世界。視野狹窄是一件危險的事。

⑦別想得太多：不好的妄想只是在浪費時間。

⑧別人是別人，自己是自己：要是沒有這種精神的話，就會變得討厭別人。你其實可以更任性一點。

總之，雖然有點不夠認真，但對認真的你來說恰到好處。

## 071

# 只和想來往的人打交道

不知為何，我發現有些人總是會和難搞或難相處的人打交道，經常有一兩個討厭的人圍繞在那些人的身邊。每當看到這樣的場景時，我常會以為那個人是抖M呢。順便一提，我以前也是這樣的人。

仔細想想，建立起關係的人是自己，但諷刺的是周圍卻總是圍繞著怪咖，這難道不是件怪的事嗎？

因為是自己選擇的。

**說句不好聽的話，這表示你選擇朋友的嗅覺已經整組壞掉了。**

選公司也是同樣的道理。

只是換成自己主動提出「請讓我進公司」，自己選擇到奇怪的公司上班罷了。

稍微離題了。在人際關係中最重要的事情中，也包括別把討厭的人當成敵人。當然，對於不得不來往的討厭的人，最好具備能巧妙無視對方的能力比較好。

**然而，「該如何與想來往的人打交道」這才是該經常思考的事。**

一定會有被人際關係搞得暈頭轉向的人，例如，當孩子要把果汁倒在杯裡時，這時如果提醒孩子：「小心別灑出來喔！」孩子的腦中就會浮現果汁灑出來的畫面，導致最終灑了出來。但如果跟孩子說要用雙手拿好，孩子的腦中就會浮現雙手拿好果汁的畫面，從而成功倒進杯子裡。

人際關係的問題也是一樣。因為腦中不斷浮現迴避麻煩的強烈想法，才導致麻煩被吸引過來。

事實上，為了應付危機而生活的人，往往就是很容易遇到危機的人。

我們應該把焦點擺在「與想要來往的人打交道」這點上才對。

072

# 能從容地選擇失敗是種堅強

人際關係中，失敗的一方比較輕鬆。

大部分的人都對勝利有著無比的執著，我在二十幾歲時也是這樣。像運動這類決定勝負的比賽，對勝利有著執著是應該的。但我發現，二十幾歲時不斷打敗對手反而讓敵人愈變愈多。根據這些經驗，三十幾歲的我便開始轉而思考，該怎麼和對方一起贏得勝利。

不以敵人的身分相互對峙，而是從一開始就告訴對方我們是夥伴。比起獲勝，攜手合作的好處更多。共創勝於競爭。

在四十幾歲時，我終於明白，失敗才是真正的強大。

在人際關係中，讓對方獲勝往往對自己較有利。

執著於勝利的人，身邊容易聚集比自己更弱的人。

對勝利抱有快感的人，當然傾向把較弱小的人留在身邊。結果就是組織、社團的發展每況愈下。相反地，勇於挑戰失敗的人，其周圍會聚集強大的人。

這裡的重點在於，不是一味地失敗，而是在明明有力量卻故意輸掉。

有值得依賴的人固然很好，但享受幫助別人的樂趣也很重要。

結果都是會讓自己變得輕鬆。

能從容地選擇失敗是種堅強。

073

# 讓自己活得輕鬆的八個習慣

如果你現在也處於痛苦的狀況中，希望你能試著做做幾件事。共有八件，即便只是嘗試其中一件也可以。

①說清楚自己的好惡：一開始或許會有點怕怕的，但希望你能嘗試一下。只要說清楚立場，你討厭的那種人就不會靠近你。

②不偽裝自己：一旦偽裝自己，不得不以假面具來生活的場面就會增加。這樣很累人，所以一開始就別這麼做。

③不要說謊：一旦說謊，就不得不用更多的謊言來掩蓋。等到意識到的時候，你已經活在謊言之中了。

**④不勉強來往**：一旦變成無法拒絕的角色，就會再三受到邀請。如果每次收到邀請都讓你感受到壓力，那最後等待你的就是自爆。

**⑤珍惜眼前的人**：不珍惜身邊的人，那麼還有什麼值得珍惜呢？

**⑥和三十個重要的人來往**：不可能同時和數百人來往，頂多三十個人吧。人際關係是需要深厚經營的。

**⑦家人和朋友更甚於人脈**：人脈這個詞讓人作嘔，真正的人脈是由家人和重要的朋友連接起來的。

**⑧盡量別強顏歡笑**：總是強顏歡笑，就會忘記真正的笑容。人生很長，即使現在可以忍受，但仍希望自己是幸福的。為了迎合他人而迷失自我是很可怕的事。

# 074

# 三天熱度也無所謂，但請重複七次

有句各個領域的成功者都曾說過的話，只是方式稍有不同。我是在二十幾歲參加研討會時聽到的，那就是——人的習慣會在二十一天內定型。

能否減輕心理負擔，取決於「努力堅持二十天」，或是想成「重複七次三天熱度」。

就我本人而言，我認為養成習慣是相當好的做法。總之，只要有興趣就先去做，不用特別考慮是否能堅持下去。覺得做起來很有趣的話，那就隔天再做；不好玩的話，放棄也無妨。

畢竟，努力是無法永遠持續下去的。

一開始會熱衷於新事物。然而一旦習慣了，就會產生不努力不行的感覺。

可是，當感覺需要努力的時候，由於已經養成習慣了，不做的話甚至會有種不舒服的感覺。只要營造出這種狀態就成功了。

想要養成習慣，每天堅持很重要。

若覺得二十一天太長的話，那就轉個念頭，換成重複七次的三天熱度，心情就會瞬間輕鬆不少。

我就是以這樣的隨興、輕鬆態度來面對事物，所以才能持續十一年的研討會講師生涯，做了二十一年的生意。

**先從三天開始。**
**希望你能巧妙地騙過自己。**

075

# 設定靜音模式

待在優秀的團隊，當然能把事情做好。我認為上面說得完全沒錯。但事實上，即使是在優秀的團隊中，也會有成員抱持著「和某人共事真累人」的念頭。

至今為止，在工作中所遇到的人，當然還是以喜歡的人占壓倒性的多數。但即使如此，仍有幾個人會讓我覺得和他們說話真的很累。我是屬於那種對壓力比較遲鈍的類型，常常是過了許久後才突然覺得很累，卻不知道原因出在哪裡。現在的我已經可以獨自完成工作了，這時的我才發現，原來是當時的人際關係讓我感到疲憊不堪。

## 意識到這點後，我決定，除了想見的人之外，其他人都不見。這是最舒服的生活方式。

我不會主動切斷關係，也不會主動去見對方。

對於從事副業的人而言，在面對讓人感到疲累的客戶時，決定不做對方生意會比較好。

如果是上班族的話，把自己設定成「不說話的人」，這也是一種辦法。成為沉默寡言的角色，這樣起碼不用勉強自己。

順帶一提，我真心覺得，能守住範圍內觸手可及的幸福就好了。

所以，我放棄受僱於人的工作，只想和自己喜歡的人打交道，因此才有了現在的成就。

我知道很難一下子就做到，但追求適合自己個性、生活方式的來往對象和工作是很重要的一件事。

因為人生有三分之一的時間是花在工作上。

076

# 別太執著

無法改變的事，就是無法改變。

能設法解決的事，總能設法解決。

怎麼做都不行的事就是不行。能解決的事情總會解決。只要這麼想，當事情發生時，驚慌失措的情況就會變少了。我自己就是那種喜歡把「危機就是轉機」、「沒有跨不過的坎」當成口號，無論遇到什麼事都會勇敢面對的人。

但是，人生總會發生一些無可奈何的事情。

那時如果還繼續勉強自己面對的話，內心就會受挫。

**能面對的事情也是有限度的，**
**現在的我也有莫可奈何的事。**
**想要變得堅強，適當的壓力相當重要。**
**但是，過度的壓力會留下後遺症。**

在真正困難的時候，不是趕緊舉白旗求救，就是靜待危機過去。

我認為最理想的狀態應該是像柳樹一樣輕搖交錯。
不對抗，不交戰，搖曳著度過。
這是理所當然的事，但卻非常重要。

**過於執著，有時候一點意義也沒有。**

077

# 斷食十六小時，早上努力工作

敬告各位中年人，你難道不想消掉小腹嗎？

我向這類人推薦「十六小時斷食法」，讓身體產生更多的自噬反應。做法很簡單，就是十六個小時內什麼東西都不吃，但可以喝飲料。不吃早餐是最簡單的方法，這樣就能完成十六小時的斷食。

該開始的前三天肚子會因為空腹，而咕嚕咕嚕地叫個不停，但只要過了這個階段就會習慣了。身體變得輕盈，頭腦也更清醒了。對我來說，餓著肚子更能發揮潛力。

動物中只有人會吃三餐，每個人對飢餓的感覺都不同，但我覺得值得試試看。斷食後敏銳度大幅提升，會注意到以往難以察覺的事情。開始進行十六小時斷食後，不僅小腹凹陷了，我的感受力更是提升不少。

多虧我這麼做了，
早上一點睡意也沒有，
工作起來幹勁十足。
回想起野獸時的感覺！
但我不懂就是了。

078

# 每三個月重新審視人生

人生不如意事十之八九。

即使朝著目標前進，有時進展得特別順利，也有慢得令人難以置信的時候。只要活著就會明白這些道理，但不知為何，大多數的人都不會修正計畫，只是蒙著頭繼續前進。

最好每三個月就重新審視一次人生。

應該重新審視的有：

・這三個月有多少進展？

・需要轉換方向嗎？

・做了之後，目標還是和原先設定的一樣嗎？

・最重要的是——有沒有讓人生出現偏差？

我每三個月就會去一次喜歡的咖啡廳，花兩小時認真面對自己，重新審視人生。

自己的人生只有自己能夠掌控。

時代一直不斷再變，情況往往與三個月前有所不同。

不能對此睜一隻眼閉一隻眼。

人生只有一次。不能走回頭路。

為了朝向目標前進，需要一張屬於自己的地圖。

**透過這個做法，我成功打造出理想的生活形態。**

**真的！這麼做會比較好。**

079

# 無上的讚美法

真正有實力的人，也是「讚美專家」。

人是聽到讚美就會很開心的生物，即使心中明知道那是奉承的話。

那麼，具體來說是怎樣的讚美比較適當呢？

**我認為當然得視情況而定，但也有一句萬能的讚美詞。**

**那就是「喜歡」。**

說出「我喜歡你」是最棒的讚美，但要是搞錯自己和對方的關係的話，那是很危險的。

我想推薦給初學者的做法是，先針對對方的物品、興趣和服裝等稍微間接一點的事物說「○○我很喜歡」。

這樣一來，對方就會因為品味受到認同、得到稱讚而感到開心；如果對方是異性，就不容易被誤認為是追求行為，也能成為一道防線。

我會直接了當地告訴對方「我喜歡你」。

因為是非常光明正大地表示喜歡，不容易被認為是戀愛的感情。

要是一臉暗沉地向對方說「我喜歡你」，會給人一種跟蹤狂的感覺，最好注意一下。

**我要順便藉此告訴正在閱讀本書的你！**

**「我超級無敵宇宙——喜歡你！」**

080

# 贈送難忘的禮物

人們常說送別人禮物很重要，但一直送禮物卻是沒有意義的。

若不能有效率地送禮，只會讓對方覺得你只是個親切的人。既然難得送一次禮，最好是送能讓對方記住的東西。

事實上有不少人都因為送錯禮物反而倒霉了。

如果是要送慰問品犒賞對方，最好選擇一週中最容易感到疲勞的星期三，另外下午三點左右也不錯。一般來說，星期三的下午三點會讓人產生還有兩天才放假。唉，現在才3點啊的念頭，可說是一週內最容易感到疲勞的時候，所以要看準這個時間點送禮。

慰問品不是送什麼都可以。能量飲料應該是最好的慰問品，而且口味不容易踩雷。

這時在慰問品上貼上寫有「您辛苦了」等問候語，對文字敏感度高的人或許就能將心意放到心坎裡。「您辛苦了」中的「您」，也能給人一種溫柔的印象。

時間點、適當的禮物，加上關心的一句話，就能讓你在一瞬間受到喜愛，成為令人想幫助的存在。

只要大約兩百圓的投資就能達到這樣的效果，不做豈不是虧大了？順帶一提，我一定會送禮物給工作上的重要人物。

愈是重要的人，愈給人一種難以接近的感覺；所以，一般人並不習慣送禮。物以稀為貴，這麼做就能與周圍的人拉開差距。

081

# 禮物先送先贏

之前已多次提到過一種名為「回應性」的心態。這是別人為了你所做的事情而想回報的心理。有趣的是，比起對方為自己做的事，會有一種想稍微多回報一點給對方的隱藏心理。

所以，先送禮物的話，從結果來看好處較多。

聽到這句話，我想有些人可能會說：「我才不喜歡這樣的禮物。」

我能理解。然而，世上的人並不全然都像你一樣擁有一顆漂亮的心。

有效率地送禮，對自己的心理健康比較好。另外，送小小的禮物比較恰當。要是禮物太過厚重，反而會讓對方煩惱要如何回禮。因此我建議多多送給周圍的人不會造成心理負擔的小禮物。

這個行動的附帶收獲是馬上就能知道有哪些人會回禮。

我還是上班族的時候，曾經買了大量的巧克力，一大早就分送給同事和前輩。接著，我開始在午休結束時收到第一波回禮，下班時收到第二波，隔天早上收到第三波回禮。當然，也有沒回禮的人。

從這個小地方可以看出，回禮愈快的人工作愈能幹，也會協助我完成工作上的事。回禮愈慢的人，愈有拖延的習慣，把工作交給這類人多半會拖到很晚。

先一步送禮不僅能弄清楚一起工作的人的個性，又能得到一些回報，好處確實很大。

讀了這裡，我想我的形象應該已經聲名狼藉了吧。對啦，我就是個性不好，怎樣？

082

# 行動之中加入隨機性

正在讀本書的你，一定是個好人。雖說是好人，但應該對是好人這件事多少有些存疑吧。

（順便一提，這個發言沒有任何根據，對不起）。

我只是覺得你一定是個好人。

但是，你沒必要一直做個好人。

因為現實是——好人未必會心存善念。

真正心存善念的好人也許不這麼想，但像我這種骨子發黑的人，不管做什麼事都會期待得到回報。如果做了什麼事，我希望對方能明確地表示感謝。

然後，希望對方喜歡我。

咦？不小心要求太多了，但這是我的真心話。

每當有人拜託我幫忙，即使很辛苦，我仍會面帶笑容，並帶著「為他人著想」、「做功德」的想法回應對方的要求。於是對方很高興地又來找我幫忙了。重複幾次後，對方竟擺出一副理所當然的姿態來拜託我。這頓時會讓我覺得很不爽。

**我這才發現是自己裝成好好先生的樣子，才讓對方忘記了感謝這件事。**

又例如同居或結婚之初，自己主動做家事，伴侶一開始還會說謝謝，但過了一星期後，做家事就成了理所當然的事了。

甚至還會開始抱怨家事做得不好。

會生氣也是理所當然。

然而，這是讓這件事變得理所當然的你的錯。

無論是對方還是你，做或不做的隨機性非常重要。

要是給對方留下你會幫忙的印象，那你就不是「好人」，而是「行方便的人」，這點最好注意一下。

理所當然
這個拜託你
我做
我做
我做
我做
工作
感謝
這個拜託你
我不做
我做
我做
工作

083

# 感謝是很短暫的

你有沒有這麼想過？

「我明明對你那麼好。」

「你明明那麼感謝我。」

「為什麼不好好珍惜我呢？」

說來丟臉，我很常這麼想。

因為工作的關係，我有很多機會傾聽別人的意見，或是幫助他人，所以真的經常會產生這種感覺。

但遺憾的是，人的感謝並沒有持續性。

**那天的感謝會被遺忘。**
**而且是以超乎你想像的速度遺忘。**
**過去的，不復存在。**

「忘記你為別人做的事，但不能忘記別人為你做的事。」
最好抱持著這樣的覺悟。

話雖如此，我仍不希望對方忘記感謝。
所以，至少你不要忘了別人為你所做的一切，要對此表示感謝。
只要抱持這種想法的人愈來愈多，紛爭、爭奪就會從世上消失。
（強行把自己的狹窄肚量替換成一大主題，想讓他人覺得自己是個好人，這肯定會露出馬腳的）。
算了，管它三七二十一。總之，感謝是沒有持續性的。
幫助過他人之後，忘記這件事對自己的精神也很重要。

084

# 成為對方腦海中最先想到的人

眾所皆知，金錢廣受大家的使用。

因此，良好的人際關係會直接影響到收入。

這裡的重點在於，你是基於建立人脈，或是因為喜歡那個人才和對方來往的。

我本來就對人脈這個詞很感冒。

人脈這個詞散發出一種優先考慮自己利益的臭味。這或許是我的偏見，但我從未和把「建立人脈」掛在嘴邊的人打好關係。就算試著和睦相處，心裡也有疙瘩，因為從話語中感受到的表面話會比真心話還多。我的周圍有很有錢的人，也有窮得要命的人。我認為只需要和自己喜歡的人相處融洽就可以了。

## 交朋友不需考慮優缺點。

不會考慮因為對工作有幫助就和對方打好關係，也不會為了得到好處而和對方一起玩樂。只要能和朋友一起做傻事，暢快痛飲一番即可。與年齡、收入無關，喜歡的人就是喜歡。

我從二十幾歲開始就一直這麼做，結果發生一件有趣的事情。

有些朋友逐漸出人頭地，有些則自立門戶，並開始委託我工作。我是打從心底喜歡對方，所以毫不猶豫地點頭同意；讓喜歡的朋友高興，自己也能發揮力量。重要的是，那些事，像是仲介調解、電台DJ，或是舞台劇、電影演出之類的，都很有趣。

需要做某件事時，成為最先浮現在對方腦海中的人非常重要。

當然，先決條件還是擁有良好的技術，但現實是，如果要一起工作的話，最好還是能愉快相處的人。

所以，沒有必要建立人脈。

只要認真和眼前的人一對一好好相處就可以了。

085

# 表露弱點

被愛的廢柴反而好處多多。

我在三十六歲時，曾經因為事業失敗而痛苦不堪。不僅收入沒了，還負債累累，生活非常艱難。即便如此，我從沒感受過來自妻子的憤怒或想要離婚的氛圍，反而用她的天然呆像平時一樣帶給我和家人歡笑。

十五年來一直是全職家庭主婦的她，卻說出「我也要工作」，然後就在網路上搜尋兼職打工，去做領日薪的工作。

那時我發自內心地想著：「選擇這個人真是太好了。」

我一直以來都很有自信，連家人也從未見過我軟弱的一面。

然而，在我瀕臨極限、心理崩潰的時候，第一次在妻子面前陷入恐慌並嚎啕大哭起來，也暴露了自己脆弱的心聲。

從那之後，生活才真正變得輕鬆，家人的關係也變得更加緊密了。

我甚至覺得只要能夠陪伴家人，其他的事都不需要了。

人生最重要的就是創造快樂的回憶。

所以，和什麼樣的人來往非常重要。

最好是沒有得失感，願意和你相處的人。

在不計較得失的情況下與他人來往，暴露出自己軟弱的一面，對方自然就會想要給予支持。真正值得珍惜的人不是好的時候一起談笑風生的人，而是在最壞時陪你一同歡笑的人。

**適當地示弱，才能看出誰才是真正重要的人。**

086

# 別把消除不安當成動機！

因為對未來感到不安而從事副業的人正在增加，我認為這是不太好的趨勢。為了消除不安而去做某些事，只要還是繼續在消除不安，就永遠都會感到不安的。對不安敏感的人，同時也會是尋找不安的天才。

與其將消除不安設為目標，不如更積極地將目標設為亢奮。先定好目標，大腦自然會找到進行的方法。如果只把目標設定為消除不安，那大腦的搜尋對象也只會以緩解焦慮為主。

我給自己定下的目標是——不去公司上班、盡量把時間留給家人。這是我開始使用推特的原因，雖然現在已經有六萬名的追隨者了，但一開始時我也只是抱著不無小補的心態來經營而已。順帶一提，我並沒有特別想做的工作，但我有很多想做的事情，腦子都被想做的事情塞滿了。

開始做某事時，設定目標總令我感到興奮，因為我想去做。

在我看來，「因為對未來感到不安而想要賺錢」這樣的說法是很奇怪的。

我可以理解你的心情，但只要還活著，總會有令人感到不安的事情；就算不用煩惱錢的事，也還有其他層出不窮的不安會出現在人際關係、時間和健康等各方面。

**為了消除不安而生活，**
**不安就會成為你永遠的生活動力，**
**並產生出更多的不安。**
**如果把焦點放在希望，而非不安上，**
**那麼，不安就會變得模糊。**

朝著光射出的方向。

GOAL
消除不安
不安
有可能失去？
不安
能持續
賺錢嗎？
想要賺錢
不安
泥沼

087

# 一個行業裡的理所當然，是另一個行業的革命契機

無論是自由工作者還是上班族，如果一直做著和周圍的人相同的事，即使一開始做得還不錯，但也會隨著時間慢慢達到極限，變得難以順利進行。這時最好的方式是，即使周圍的人難以理解，也要做些超前部署的事。這可是腦袋能理解，但行動卻跟不上的想法。旁人對這些行為雖然有些在意，卻又無法理解。等到事情進展到旁人無法置若罔聞、甚至有人開始模仿時，我們再另闢蹊徑。不斷重複這樣的模式來一決勝負。

工作時，我並不會拘泥於非原創性不可，甚至會徹底抄襲。儘管如此，為什麼我總能做到周圍的人都無法理解的「超前部署」呢？因為我是抄襲其他行業的成功案例，而不是僅將目光方放在相同的行業上。

一個行業裡的理所當然，是另一個行業的革命契機。

換個觀點，將會
拉開與周圍的人的差距。

088

# 失敗不過是勝利前的學習

有些人害怕失敗。
沒有人願意失敗。
但對我來說，失敗不過是為了勝利所做的學習。
成功的模式會隨著時代和背景變遷而改變，但失敗的模式在某種程度上卻是固定的。
因此，我們應該從失敗中學習。

**只要知道各種失敗的模式，就能減少失敗的機率。**
**雖然成功率很難提高，但可以透過數據來降低失敗率。**

一開始就很少失敗的人，成功的機率也很低。
持續成功的人，換個角度來看，就是只做力所能及的事情的人。
即使不斷做著不會失敗的事情，狀況也會每況愈下。
想要擴大自己的可能性，就必需經過一番挑戰。

這是我尊敬的經營者告訴我的一句話——
徹底經歷過失敗後，剩下的就只有成功了。
我將這句話放在心裡，去挑戰所有的事情，
結果敗得一塌塗地，吃了不少苦頭，
也曾想過從人間蒸發。
不過，挑戰和失敗帶給我的收穫，讓我瞭解到自己想做的到底是什麼樣的事。
因為太忙每年只能跟家人一起吃兩到三次飯的我，
終於找到真正想做的事情了，
那就是在家裡陪伴家人。

人生充滿了未知。不過，我討厭在不知道想做什麼事的情況下死去。

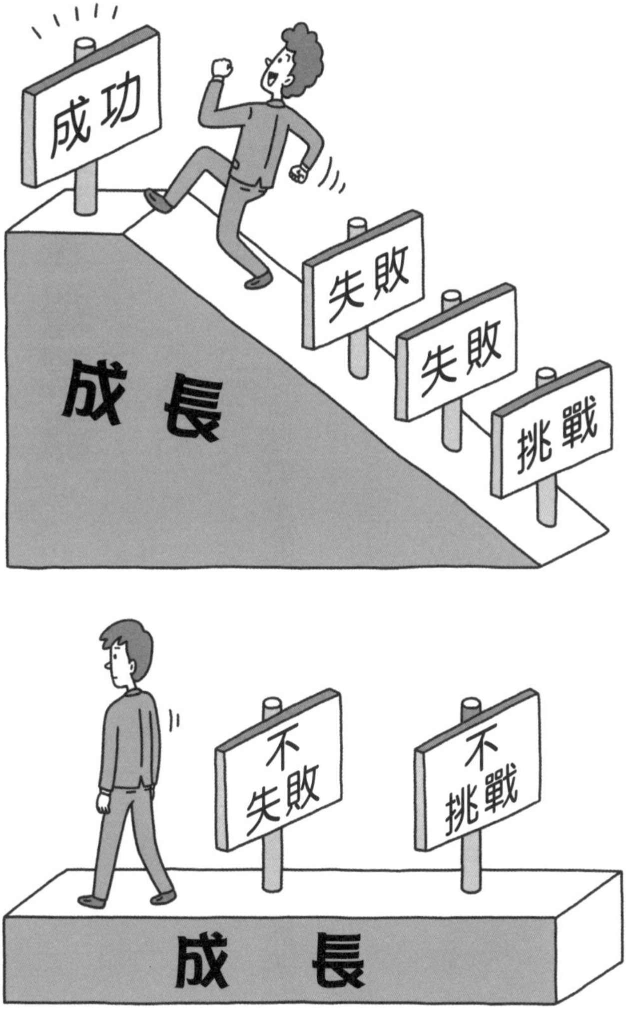
成功
失敗
失敗
挑戰
成長
不
失敗
不
挑戰
成長

089

# 無知和誤解是武器

我在二十歲時，無意間聽到認識的某位男性低聲嘀咕著「明天就要去沖繩玩了啊」、「該玩幾天幾夜呢」。聽到這些話，我才知道有「想去的地方，在想去的時候，盡量和你想一起去的人度過想走就走的人生」這個選項。

我也想不受金錢的限制，自由自在地運用自己的時間。

至此，我開始過著為了過上這種生活的日子，這就是我二十歲那年的創業理由。

我想實現夢想。熱衷於這件事的我，所做的第一件事就是為了不睡超過三小時，而撤掉床。還把窗簾換成鮮紅色，以便讓自己處在亢奮的狀態下。

現在回想起來，我才明白什麼叫極端。不過，時間就是如此地珍貴。

**我努力的方向或許不對。**
**但我相信，正是有了這種以超過一二〇%的力氣工作的經驗，**
**我才具備了以「六成的力氣」有效率地工作的能力。**

我認為無知和誤解是我的武器。

冗餘的知識和心理上的牽絆，
讓你將「實現夢想」當成是異世界裡的空想，難以付諸行動。
正因為無知和誤解的存在，才讓我得以避開雷區走到現在的位置。
知識能為你帶來優勢，有了知識才能更接近夢想。
但請不要弄錯這裡所說的知識。
除了能帶我前往未來的知識外，我不需要任何東西。
我希望對可能性保持著敏感度。
從平時看到什麼、聽到什麼，從你意識到你的無意識中開始。

090

# 凡事大致做好就好

回顧過往，我真的經歷過很多工作。我經營過餐廳，也當過諮詢顧問，還做過公司的業務員。說實話，光論工作經歷就相當可觀。

大部分都不是受僱於人，都是自己創造出來的工作。

每份工作的收入都足以支應生活所需。

我認為每份工作基本上都不需要什麼厲害的技術。

因為我是那種既笨拙又超怕麻煩的人。

而且，非常容易厭倦。

（再寫下去搞不好會開始討厭自己，所以就在這裡打住吧）。

**我想說的是，因為有了思維，所以不管做什麼事都能大致做對。任何事的結構都一樣的。**

無論大事還是小事，其結構都大同小異，只要掌握住本質，什麼事都能做到。是否擁有厲害的技術其實一點也不重要。

我認為思維比那些技術重要。

每個人的經驗值累積速度有快有慢，但大多相去無幾。

即使明白這一點，人們依然會感到沮喪。

如果能掌握住事物的本質，讓它成為你身體的一部分，說實話，這樣就無敵了。

當然也會有慘敗時候，但正因為你知道如何思考和事情的結構，三～四個月後又是一條活龍。既然知道可以復活，那就還能繼續挑戰下去。

**重要的不是技術，而是為了學會技術而掌握到的思維方式。本質是核心，技術之後再學就好。**

# 091

# 看清現實

說得稍微嚴厲一些，多數人只會一味地追求夢想和希望，而不願意面對現實。

如果眼前出現這樣的人，我想對他說：「放棄夢想，做好眼前的事，只有做出成果才真正有幫助。」

追逐夢想之所以不能讓夢想成真，是因為努力的方向不對。簡單來說就是沒有沉迷其中。

重要的並非達成目標的能力，而是設定目標的能力。希望大家務必回頭閱讀134頁。

望向遠方，眼前一片模糊；

看著眼前，遠方則一片模糊。

這並非哪個好哪個壞的問題，因為每個人的觀點都不一樣。

如果只相信不知道在哪裡聽過的偽成功哲學，那就會嘗到苦頭。

無法專注於眼前之事的人，無法創造未來。

因為，未來是位於重複「現在」的前方。

以我為例，「希望不被任何人知道、不受任何人打擾、在喜歡的時候、喜歡的地方，做喜歡的事」是我二十歲創業時的夢想。

然而，過程中，我逐漸忘記這個夢想，陷入想要出名、想要更多收入的迴圈中。

當你乘風破浪前進時，各式各樣的人紛至沓來，告訴你各種可能性。

使你忽略真正對你重要的東西。

**追求的不是夢想，而是自己想過什麼樣的人生。**

**只要朝著那個方向前進，用什麼方法都無所謂。**

光說著夢想，卻什麼都沒改變的話，那還是重新審視一下自己比較好。

092

# 光做有意義的事是很無趣的

請想像一下小時候的自己。那時根本不在意年收入有多少，整天只想著是否過得開心。想像一下變成老人的自己。我想一定也對於有多少年收入毫不在乎。比起這些，更重視是否活得無怨無悔、創造了多少快樂回憶。

儘管做有意義的事情很重要，但我覺得只做有意義的事這樣的人生很無趣。

睡前別滑手機。

最好別喝酒。

別看電視，會變笨蛋。

打電動沒有意義。

所以拋棄玩樂吧。

很多人對虛有其表的人所說的這些話深信不疑，並試圖做出所謂正確的事。

我會在睡覺前滑手機，也會喝得爛醉如泥，或者看些亂七八糟的電視節目；我最喜歡打電動，還玩到欲罷不能。

**為了將來，有意義地使用時間很重要。**
**如果那些事有趣得不得了，那就無所謂了。**
**也有人是把工作當成娛樂的。**
**但覺得聊天很快樂的人，通常是做了很多無意義事情的人。**

只要能兼顧好玩樂和工作，之後能說出「回想起來當時真的很開心」，我覺得那就夠了。

沒人能保證明天還活著。享受當下很重要。

所以我才說，如果只做有意義的事情那就太沒意思了。

# 093

# 幸福很簡單

希望你能稍微有點耐心讀完我以下的慣例。

每天打電動，用外送叫想吃的食物，飽餐一頓後就喝自己最愛的能量飲料。喝著飲料，享受戶外吹來的宜人微風，在這一刻陶醉地說聲：「好幸福啊」。

真的，有種過著無可救藥的生活的自覺，但實在幸福得一塌糊塗。

基本上我並不喜歡外出，我是那種想盡各種可能要待在家裡的人。

即使出去旅行，有時我也是把自己關在飯店裡。

「去更多的地方看看不是很好嗎？」這樣的建議對我來說真是多管閒事（對不起）。

我縱貫日本、去過許多國家旅行，做過各種事情，得到的結論是——自己的家最好。

該有的都有了，沒有任何不滿。

明明有能讓自己快樂的事物，卻不想出門。

不管別人怎麼說，這就是我的幸福。

我認為應該要徹底探究自己想要什麼樣的生活方式、過怎樣的生活。

我覺得那是相當重要的一件事。

我認為只要追求「活著最棒」的每一天就可以了。

**只要持續追求著自認為的幸福人生就好，**

**不需要聽別人的意見。**

**我認為幸福由自己決定就好。**

094

# 偷懶的才能

真正有能力的人都具備偷懶的才能。

例如：思考如何在三十分鐘內結束每週的例行會議。不動聲色地嘗試有效率的方法，帶動周圍的人，成功縮短工作時間。

反之，工作能力較差的人可能會花一小時來製作資料，並在開會時透過朗讀來找出其中的意義，誇張時還會強迫周圍的人也這麼做。

工作本來就不是以努力幾個小時來評價的。

這並不是說能在短時間內完成工作就很了不起，而是自己決定該如何做及花多少時間。

現在這項作業花了多少時間？真的需要那麼多的時間嗎？

即使是洗碗，也要思考效率。

先從哪個碗盤開始比較好？應該把碗盤擺在哪裡？擦拭時如何把洗好的碗盤疊好？

此外，哪個品牌的洗碗精比較容易清洗乾淨？擦拭布能一次把水分擦乾嗎？

光是洗碗就有這麼多需要檢查的項目，那麼工作就更不用說了。

我反覆思考這件事超過二十年。

這個工作能不能在更短的時間內完成？

有沒有不會降低品質還能降低工作量的方法？

這個工作能不能交給別人做？

能不能定出交辦工作的規則和機制？

創業超過二十年，徹底貫徹巧妙偷懶的方法。

如今過著幾乎不用工作的生活。

工作終究只是人生的手段。

人生的本職就是享受。

# 095 不能打從心底享受就放棄

三十歲的時候，我以籌辦者和研討會講師的身分有了穩定的收入，達到可以靠這兩項工作來維持生計的程度。

但這時我想到一件事——

我想過這樣的生活嗎？

我覺得這樣不行，我想要自由。

為了獲得自由，必須進一步發展出自己的事業。

基於這樣的理由，我將活動和研討會的頻率和規模都縮小，又開始做不同的事情。

穩定的收入固然令人開心，但如果覺得不對，還是放棄為好。

假如僅僅因為「能夠賺錢」這樣的理由而堅持下去，那就會變成惰性。
一旦有了惰性，自己的軸心就會產生偏移，這是相當危險的一件事。
能夠維持現狀很棒，但如果「想做的事」變成「不得不做的事」，
那喜歡的事也會變得不喜歡了。
因為能賺錢，所以無論如何都得做，我認為這是縮短工作壽命的行為。
如果能保持在「還想繼續做」的程度，那就能一直維持著新鮮感。
不能發自內心地享受就必須放棄。
時間有限，我們並不知道什麼時候會死去。

**錢很重要。**
**可是，還有更重要的事必須去做。**
**真正想做的事情是什麼？**
**你想做的事情是什麼？**

096

# 不安的本質是希望

說一件重要的事。

現在你觸目所及的一切，都是原本就沒有的東西。

例如：智慧型手機是某人憑空想像出來，並將其化為現實。

你身上穿的衣服和你家也一樣。

有人先幻想出它，再將它付諸實現。一開始時並不容易，但有人成功了，開始有人模仿，製作出設計圖和手冊，最後被其他人所複製，逐漸變得理所當然。

周圍理所當然存在的東西，是這個世上原本沒有的東西。

手機不會從地面憑空冒出。

我想表達的是，我可以讓心中所想的事情成真。

所以夢想實現的機率是百分之百。聽得懂我的意思嗎？

你身邊的一切都是某人以夢中「要是這樣就好了」所創造出來的東西。

我們的生活都是建構在某些人的夢想和想像上，我覺得這實在太神奇了。

只要你有「想做什麼」、「想成為什麼樣的人」的想法，就有很高的機會可以實現。

因為只要想得出來就有實現的可能性。

具體描繪出夢想和形象後，也許會感到不安。

但是，可能性總是伴隨著不安的。

理由很簡單，之所以感到不安，是因為你覺得「努力的話也許能做到」。

認為自己絕對做不到的事，是不會感到不安，也不會去做的。

絕對做不到的事和有過完成經驗的事，都不會讓人感到不安。

唯有不知道能不能做到、或許有機會能做到，才會讓人感到不安。

不安正是感到可能實現的證據。

雖然說法有點奇怪，
不過如果想挑戰什麼
就必須先感到不安。

所以，嘗試一下
又有什麼關係呢。
不做看看怎麼知道。
不安
是感覺到可能性的
證據。

097

## 做不出成果之人的10大特徵

| |
|---|
| ①以努力為賣點 |
| ②常把話說得很滿 |
| ③只靠一張嘴 |
| ④抗壓能力差 |
| ⑤無謂的自尊心 |
| ⑥只有一身幹勁 |
| ⑦毫無分析能力 |
| ⑧起步很慢 |
| ⑨生活只有職場 |
| ⑩逃避數字 |

098

## 工作拖延之人的11大特徵

①想要做到完美無缺
②都是別人的錯
③總是在抱怨
④自尊心強
⑤濫好人
⑥光說不練
⑦不善於依賴
⑧動作慢半拍
⑨習慣撒小謊
⑩不做筆記
⑪只憑預測做報告

099

## 真正聰明之人的9大特徵

①非必要不使用專業術語

②能以淺顯易懂的方式表達一件事

③善於發現長處

④以俯瞰角度綜看全局

⑤判斷標準很簡單

⑥不樹敵

⑦有幽默感

⑧提高效率的專家

⑨內心熱情→頭腦冷靜

100

## 我盡量不把時間花在工作上的唯一理由

在生命的盡頭，
「要是能多做一些工作就好了」
和「要是能有更多的時間和
重要的人一起度過就好了」，
哪種感慨會比較多？
我百分之一千會回答
想和重要的人一起度過。
這就是我把人生賭在
盡量不花時間賺錢的唯一理由。

# Q & A

某人的問題或許就是你的煩惱。本章收集一些研討會上的問答集。

Q.1

請告訴我人生中最重要的價值觀。

**俊信**

A.1

**只要能夠陪伴家人，**
**其他的事都不需要了。**
**我認為除此之外不需要什麼價值觀。**
**為了陪伴家人，需要錢就去賺。**
**說到底，家人以外的事都只是附加價值。**

Q.2

在不得不工作的時候，為了盡可能不讓自己有壓力，有什麼要注意的嗎？

Mamu

A.2

在工作上，有些人是無論如何都必須有所聯繫的。我的應對方式是，每當覺得討厭對方時，就在心中默唸：「對方一定在前世救過我，這輩子為了報恩就原諒他吧」這個毫無根據的咒語。

附帶一提，我不相信有前世……怎麼了？

Q.3

如果三十三歲的自己出現在面前，你會給他什麼建議？

garian

A.3

別建立人脈，要多交朋友。
別那麼著急，放棄吧。
你當不成什麼大人物的，所以接受現實吧。
但不要放棄希望。
你現在的目標是受他人影響的認可需求。
回想一下你為自己設下的目標。
死都不要放棄；如果放棄，你就不再是你了。
別逃避自己。

Q.4

為了用六成的力氣巧妙做出成果，請告訴我您最重視的三件事。久

A.4

依賴、撒嬌、求助。

為了讓對方明白這三件事，

我再補充一個訣竅。

用自己的某項專長

持續為對方做出貢獻也很重要。

## Q.5

我想知道有什麼情緒控制鍛鍊法值得推薦。
我不擅長控制情緒，尤其是老控制不住憤怒的情緒。
您似乎很善於控制情緒，即使生氣也顯得很冷靜，
我很尊敬您。

doumae

A.5

**前提是別和會惹自己生氣的人扯上關係。**
**要是反覆生氣的話就很難忍耐下去了。**
**既然這樣，在確認你動怒的那一刻起，就盡量避免跟那個人扯上關係。**
**無論如何都必須扯上關係的話，就向妻子發發牢騷。**
**真要說起來，該生氣的時候我也會生氣。**
**最好的做法就是別扯上關係。**

## Q. 6

您尊敬的人對您說過什麼讓您印象深刻的話，或是一直很重視的話？請告訴我。

未來

A. 6

**有幾句話我很重視：**

**「客氣連屁都不是。」**

**「能力越大，責任越大。」**

**「別擔心，反正又死不了。」**

**「無法改變的事，就是怎樣也無所謂的事。」**

**語言真的有讓人積極面對或消極退縮的力量，所以我很重視。**

## Q.7

我正在考慮挑戰新的事物來作為副業。
為了用六成的力氣巧妙地工作，同時提升實力，
該從哪些方面開始呢？
丸

A.7

**六成是做不到的。**
**哇哦！沒想到，我竟從全盤否定本書標題開始切入。**
**不管做什麼事，一開始都必須全力以赴。**
**或者說，一旦沉迷其中，就不能說是六成了。**
**在一定的期間內，工作和副業都必須在腦中不停打轉。**
**想知道自己的六〇%步調，就得先嘗試自己一二〇%的最快步調。**
**首先整理要做的事情，把認為該做的事情全部做完。**
**做了就知道哪個部分是在浪費時間。**
**既然知道了，就有四〇%的餘裕。就是這麼回事。**

## Q.8

我聽說粉絲正是企業成長的原動力。
我覺得您在研討會上擁有眾多熱情的粉絲。
請問要怎樣才能聚集粉絲呢？

**日產的大叔**

A.8

**這個答案非常簡單。**
**我喜歡喜歡我的人。**
**對喜歡自己的人只會回答「我喜歡你」。**
**完全沒有聚集粉絲的感覺。**
**我只是想成為聚集的地方。**
**成為喜歡我的想法的人聚集的地方。**
**聚集的地方最好在開朗、愉快、沒有謊言的地方。**
**開朗愉快且沒有謊言。**
**我只想守住這些。**

## Q. 9

不好意思被別人知道自己的「不擅長」和「無知」，所以會不知不覺地加以掩飾。我想應該是骨子裡奇怪的自尊心在作祟，但我不知道該怎麼拋棄。請告訴我拋棄內心深處自尊心的方法。

環奈

## A. 9

**我認為不必勉強捨棄自尊心。**
**因為拋棄自尊心並不是件簡單的事。**
**不必連必要的自尊心都捨棄，有時候自尊心也很重要。**
**你既然能提出這樣的問題，當察覺到時，**
**不必要的自尊心就會被拋棄，所以不必擔心。**
**因為它會隨著年齡增長而逐漸脫落。但我不懂就是了。**

## Q.10

雖然我也想過著您這樣的生活，但現在心裡依然想著「我真的能做到嗎」、「雖然這麼說，但也很辛苦吧」。明明很想忘掉，卻又理所當然地盤踞在心底，著實困擾著我。有沒有什麼讓這種想法消失的契機呢？

環奈

A.10

**人在遭遇危及精神或生命的危機時，會產生劇烈的變化。最好別發生那樣的事件，所以我再教你其他的方法，那就是「擁有目標」。也許你會想著「咦？就這些？」，但擁有目標就是如此重要。提出這個問題的時候，證明你已經開始改變了。能夠客觀看待自己的人，會認真地找尋契機的。**

Q.11

雖然我認為不應該追求眼前的利益，提供的價值應該從顧客的角度出發，但仍不可避免地需要計算金錢，而追逐金錢的結果就是它離我愈來愈遠。我應該繼續追求利潤，還是無視利潤追求價值比較好呢？

馬克

A.11

**計算金錢是因為金錢不夠寬裕。僅此而已。**
**但聽見這麼說也很為難吧。**
**不過，這就是答案。**
**硬要回答的話，我認為只要設定能夠達成目標利潤的金額，同時提供更高的價值就可以了。**
**總之，不是服務的品質不高，就是對服務沒有信心，或是受到金錢的心理障礙所影響。**
**我想，最大的問題大概是出在金錢的心理障礙上吧。**
**從別人那裡獲得金錢是壞事，心中應該還有著這樣的思維。**

我覺得這種類型的人
在花錢時，
比起價值，更看重金額。
這就是所謂的物以類聚吧。

## Q.12

我不擅長把事情交給別人。在我的工作中有所謂的「傳統產業」，很難偷懶，也不知道該在哪裡偷懶。不知道有什麼具體的建議嗎？

美佐老闆娘

A.12

**沒有具體的建議。**

**對於妳的工作，我還沒有理解到足以可以具體說明的程度。所以我不能不負責任地給出具體的建議。**

**不過，我可以說明有關交辦工作和偷懶的方法。**

**把能夠收拾殘局的工作交給別人做。**

**試著讓對方做做看，自己再做最後的收尾和追蹤。**

**而偷懶就是在每天的工作中，不斷尋找每項工作所浪費的時間。**

**這樣一來，你就會發現在理所當然的作業中，其實有很多的浪費。**

如果自己沒注意到，
就讓周圍的人去發現。
絕對沒有毫無浪費這種事。
做不到是你主觀的臆測。
客觀看來，
其實有很多地方
可以交出去或偷懶。

## Q.13

從前就告訴我們「努力才會成功」的觀念根深蒂固，所以如果偷懶或午睡太久，心裡就會產生罪惡感。這樣的狀態可以嗎？還是說應該更嚴格地要求自己呢？

馬克

A.13

**貴族即使不工作也很有錢，富二代即使不工作也很有錢。就算是人渣，也有花不完的錢。對方總有一天會遭到報應，這句話是騙人的，大部分的人幾乎都一生富貴。**

**金錢跟不上人性。只要掌握金錢的規則，即使是人渣也能口袋滿滿。所以不需要抱持罪惡感。不能享受現在這個瞬間，豈不是太可惜了。相反地，身為普通人，我的建議是如果沒做好該做的事情，抱持罪惡感也沒關係。**

不過我認為，只要做好自己該做的事，要睡覺、吃飯、或做什麼事都無所謂。該做什麼就做什麼，其實很少人明白這句話。

Q.14

我辭掉工作成為個人企業主。還是上班族的時候，因為有固定收入的安心感，所以能夠從事自己喜歡的副業並樂在其中，但當我成為個人企業主之後，由於沒有固定收入，每個月都得面對帳單和存款餘額所帶來的壓力。有沒有什麼能讓內心變得強大的方法？

馬克

A. 14

**那樣的話就會賺錢了，以上。**
**其實還有兩個答案……**
**一個是，就算沒錢也不會死，**
**再回去當上班族就好了，**
**打工或做什麼都行，**
**只要有飯吃，就能活下去。**
**雖然把話說得那麼誇張，**
**但你一定會在事情變成這樣之前就採取相應的行動吧？**

另一個是建立「只要具備這個觀念，無論多少次都可以重來」的觀念。
只要給我三個月，就算一切歸零，
我也有自信能恢復到不會餓肚子的地步，
給我一年時間，我就能超越現在的自己。
觀念和經驗。
沒有一輩子都吃不飽的工作。
我不知道今後會是怎樣的時代。
日圓、美元、黃金、珠寶的價值都在變化，
就連土地的價值、工作的價值也都在改變。
不管是哪個行業的經驗，十年後就都沒價值了，
能夠永遠使用的技能並不多。
但只有觀念和經驗在任何時代都是通用的。
總之就是奠定觀念。

Q.15

到目前為止都會預設「凡事必須全力以赴」的前提。
沒有意識到內心的疲憊，認為全力以赴是件美好的事。
只想在喜歡的事、想做的事上投入更多的精力，卻不知道該如何放鬆。
要怎麼做才能更加放鬆呢？

環奈

A.15

**全力以赴是一件美好的事。**
**但是不能持續下去，萬一變得不平衡就糟了。**
**我想用「休息也是工作的一部分」來勸說這樣的人，**
**盡量能積極的休養。**
**在感到疲勞前就休息是種聰明的工作方式。**
**這樣即使不知道如何放鬆，也能留有餘力。**
**休息也是工作的一部分。**
**心再健康身體也會累，身體再健康心也會累。**

**身心是緊密相連的，**
**所以有意識地**
**讓身心同時休息**
**是很重要的。**

## Q.16

明明有一百分的力氣，卻只用六十分，
這和偷懶有什麼區別呢？

ryochii

A.16

這就是偷懶啊。
不過，工作有偷懶的部分，也有不能偷懶的部分。
每個人都會拿捏工作上的分寸，
但多數人還是認為偷懶是不好的。
這有錯嗎？
我不會在他人的面前偷懶。
但對方明明沒有要求要全力以赴，可是我還是會擅自作主火力全開。
判斷該投入六成的力氣還是使出全力
非常重要。

用簡單的方法來比喻，
《勇者鬥惡龍》中等級99的賢者
不會對史萊姆使用最高級的魔法吧？
用足以打倒它的魔法就行了吧！
所以說，自己的等級愈高，
偷懶的情況自然就愈多。

Q.17

孩子問我：「要做什麼工作才能變成有錢人？」我應該怎麼回答？ moo

A.17

# 可以反問：「為什麼想成為有錢人」，告訴孩子金錢只是手段這件事。

Q.18

有極簡主義的定義嗎？我記得您以前有提過極簡主義。

今井

A.18

# 不需要的東西不必留著。這就是我從現場得到的。

Q.19

您是如何應對不安的？
我現在四十多歲，雖然脫離上班族的身分並找到自己想做的工作，
但由於我是單親媽媽，一想到將來的事，就對金錢和工作等方面感到憂心。

廣美

A.19

**一旦把焦點放在不安上，妳就會變成發現不安的天才喔。**
**不存在無憂無慮的世界，沒有憂慮的世界大概會很無聊。**
**因為沒人知道未來的事，**
**所以我習慣把焦點擺在可能性上，**
**因此成為腦袋空空也能塞滿夢想的人。**
**欸，我充滿期待了！**

Q.20

您希望孩子過著怎麼的人生？
另外，您有什麼話最想跟孩子們說呢？

咲

A.20

我對孩子要過怎樣的人生沒什麼想法。
我希望孩子喜歡就好。
雖然做得不夠完全，但有什麼事的話我會盡全力協助。
我要把孩子徹底養大。
我現在之所以像個傻瓜一樣在健身房裡努力鍛鍊，
是為了要在僵屍出現，或世界變成反烏托邦時挺身保護家人。
我才不管別人說什麼太寵孩子，我只要他們能過著自己喜歡的生活就好。
我只想告訴孩子：「我愛他們。」
別把我講個不停、讓你聽到厭煩的這件事說出去喔。

## Q.21

人非得工作不可嗎？實不相瞞，我既不缺錢，也不需要工作賺錢，但如果成天無所事事的話，周圍的人都會說我是啃老族，讓我心裡不太舒服，父母也會擔心。我有很多興趣。我也不喜歡因為工作而從早到晚被綁在公司裡。

小千

## A.21

**既然自己不需要工作，不去工作又何妨。**

**問題不是周圍的人，而是在意被周圍的人說閒話，原因出在自己身上。**

**雖然我幾乎不工作，但周圍的人非但沒有在背後說我閒話，反而很羨慕我，但就算被周圍的人說些什麼，我也不在乎。**

**要是在意的話，就面對自己，想想為什麼會在意，這麼做或許就會知道答案了。**

**我個人認為就算當啃老族，那又怎樣。**

若能在毫不猶豫的情況下
斷言「這就是我的生活方式」，
那就太棒了。
如果遇到陰天的話，
像晴天一樣面對自己或許也不錯。

## Q.22

開自我會議（參照52頁）的時候，您會問自己什麼問題？

我想知道您意識到哪些事。薰

A.22

**只有三個問題：**

**．想做什麼？**

**．為什麼要現在做？**

**．目的是什麼？**

**詢問這些只是為了確認自己是否沿著心中所想的方向前進。日子一天天過，很容易就走偏方向了、甚至偏離了正軌，因此需要定期確認。**

**即便多花點時間，但只要方向正確，最終還是能抵達目標。**

Q.23

請告訴我您打算在五、六十歲時變成什麼樣子！

tadayan

A.23

既然不知道未來，那就樂在當下。
我正在做我認為現在應該要做的事。
因為正是「現在」的連續，才創造了「未來」。
現在浮現的模糊形象應該是作家吧。
因此，正在讀本書、具備大智慧的你！
請向身邊的十個人推薦這本書。
當然還有書店及出版社，請讓這本書賣出驚人的銷量。
喜歡大家，我愛大家。

## Q.24

請告訴我擇偶的條件。

tadayan

A.24

什麼是條件？
可以吃嗎？
什麼是要求他人？
可以吃嗎？
我只想讓自己選擇的人幸福，才不會要求什麼條件。
從沒想過讓心愛的人為自己做些什麼。
心愛的人是「想讓我開心的人」，所以我不會要求對方。
（這樣說好感度就提高囉。）

## Q.25

為了持續贏得信賴，建立信用，在日常的言行中該注意什麼？

Mamu

A.25

首先是對人的三點。

・不說謊／遵守約定／保持一貫性

其次是生活方式的一點。

・不對自己說謊

不對自己說謊最重要。

對自己說謊的人會露出破綻，所以會對別人說謊，無法遵守約定，從而失去一貫性。

不對自己說謊的訣竅是讓說的話、想法和行動保持一致。

Q.26

您說自己不擅長堅持，
那麼當失去幹勁的時候您是如何調整心情的？

Mamu

A.26

如果沒有幹勁的話，那就別做了。
與其要堅持，不如改變對象，
尋找可以讓自己沉迷的事物。
如果無論如何都得堅持的話，
那就在失去幹勁前，制定放縱日來恢復身心吧。
不是累了才休息，而是為了走更遠的路才休息。

## Q.27

如果要給您自己加上一個頭銜的話，會叫什麼呢？請告訴我理由。popo

A.27

頭銜嗎？我對這沒興趣耶，所以沒想過。
應該叫幻想家嗎？
理由如果被詳細追問的話我會不好意思，所以就不說了。
我想想，頭銜是「閒神」吧。
理由是我很閒。
感覺好像有點悲傷，能不能別問了……
我所憧憬的頭銜是——作家。
書店和出版社，請你們不惜使用骯髒的手段也要把我推銷出去。
在這裡拜託你們了！

## Q.28

我希望能像您一樣，用吸引人、打動人心的方式說話。要注意哪些事才能讓對方聽不膩並愉快地聽您說話呢？

mamu

A.28

應該是不厭倦地快樂生活吧。

我本身就對研討會和演講興奮地不得了。希望每天都能參加研討會和演講。我就是單純地喜歡。

每五分鐘要讓觀眾笑一次，應該是我強迫自己要注意的地方。

沒有輕重緩急的談話會讓我降低專注力。

試著大聲或小聲說話，像自言自語一樣地說話，或試著使用肢體語言。

人是一種無法將視線從會動的東西上移開的生物，所以快慢和動作很重要。

順帶一提，想笑就得常看電視節目。
光接收網路資訊不僅說話沒有廣度，也很無聊。
不管有沒有意願，都要能從電視節目上接收資訊，讓話題變廣。
網路可以增加興趣的深度，但不容易擴大範圍。
這是因為關鍵字的緣故。
藝人和主持人的說話藝術只能從中學習。
為了娛樂大家，什麼都要學習；
因為希望大家都能開心嘛。

## Q.29

請具體告訴我您的十五個收入來源。包括哪些業務，您又是如何在每月十小時的工作中完成這些業務的？

桃

A.29

並非每個月都有十五項收入，大致可分成「做了才有收入」和「每個月都有進帳」兩種類型。種類包括研討會講師、諮詢顧問、聯盟行銷、進口雜貨流通業、仲介業、DJ等等。再細分的話還有很多，可以用文字來傳達的差不多就是這些。

現在的我不想把時間花在工作上，所以一個月花在研討會和諮詢上的時間大約是十小時，進口雜貨的流通業已經自動化了，所以是零小時。若接到其他的工作就會做，但因為我會盡量不工作，所以目前算是空檔吧。我本來就具有工作狂的傾向，為了改善這個情況，我才盡量不工作的。

所以，
盡量別賺得太多。
在最後的最後
留下這句意味深長的話
做為結束。

# 後記

十八歲那年，我失業了。因為討厭一畢業就進入的公司，做了三個月就辭職了。這已經是二十幾年前的往事了。當時很少有人那麼快就提出辭職的，周圍的人都非常擔心。

但是，我不明白繼續做著討厭的事到底有什麼意義。我在學生時代就對足球喜歡到無法自拔，從未放棄過。儘管到了四十一歲的現在，我依然非常喜歡足球。與其繼續做自己討厭的事，把每天過得死氣沉沉的，還不如做能享受的事比較好。

比起待在「安心的牢房」，我更希望活在「不安的自由」當中。

後來我陸續換了幾份工作，二十歲則以副業為契機開始創業。這時我才想到，一旦開始做某件事，所能遇見的人就會一下子發生變化。有人天賦異稟，有人天性開朗，有人對數字非常敏感，我認為自己完全無法跟這些人相提並論。

模仿別人固然重要，但我認為更重要的是找到適合自己的事物，從中做出成果。當我思考自己能在什麼領域贏過別人時，腦中只是單純地浮現「努力量」。我記得當時我立刻給自己立下規定，其中還包括不睡覺這個現在才敢說出來的奇怪規定。

・將一天的睡眠時間定為三小時

・撤掉寢具

・將窗簾換成紅色，營造亢奮的氣氛

・睡意來襲時便抽根菸，利用不舒服的感覺來醒腦

我自認為只要這麼做，每天就能比睡六～八小時的人多出三～五小時的活動時間。這樣的生活持續一段時間後來我才明白，人如果不睡覺的話，就會搞壞身體，除了注意力無法集中外，甚至會在重要的場合上昏昏欲睡。

所以，我改變了努力的方向。

把「有效率地工作」一定為規則。

・會面以三十分鐘為單位
・制定盡量不必移動的行程
・盡量減少開支
・以多重任務的方式進行作業

試著執行後發現，與他人的交流變得很草率，對一成不變的模式感到厭倦，同時進行多重任務的計畫全都半途而廢。

我猜你現在應該在嘀咕：「做之前就要注意啊。」但我認為沒有什麼事能在動手之前就知道結果的，只有做過的人才會知道答案。只有失敗的前方才有成功，經歷過徹底的失敗後，往後的失敗機率才會降低。換句話說，就是提高勝率。

像這樣，不單利用知識，也透過各種體驗和總結後的智慧生存至今。

經歷過無數次的失敗，不斷地提高自己的勝率，最終才造就出現在的理想生活、理想的思維、理想的行動，以及理想的生活方式。換言之，我花了二十年的時間摸索出能夠實現理想生活方式的思考法，內容全寫在本書中。

你的理想生活是什麼模樣？

在闔上本書前，希望你能問自己一次。

因為能實現你的理想的人，除了你以外，沒有別人。

最後，我要感謝陪我一起笑著度過艱難歲月的妻子和女兒們（悟里、美佳里、祈），以及總是熱心聽我講話的研討會參與者，還要謝謝所有推特上的粉絲。

最後，更要在此向閱讀這本書的各位致上謝意。

藤野淳悟

【作者簡介】

**藤野淳悟**

擁有15項收入來源的創業家。現居北海道。20歲創業，24歲事業失敗，之後在毫無經驗的業務職位花了3個月就成為銷售冠軍，同時擴大副業收入，27歲時獨立創業。獨立後將「每月工作10小時，年收入1000萬日圓」的工作模式制度化，發揮超效率化成功把工作時數壓到最低，現在大部分的時間都用來和家人悠閒地度過。創業至今20年，主要事業內容包括進口雜貨流通業、仲介業、諮詢顧問、研討會講師等。目前Twitter追蹤人數超過11萬人，LINE註冊人數達1萬人，每天更新語音平台Voicy，身為商業型的網紅，發文也備受關注。

**Twitter** ▸https://twitter.com/jungo_fanmarke

**Voicy** ▸https://voicy.jp/channel/1808

60% NO CHIKARA DE UMAIKOTO KEKKA O DASU SIKO 100
© Jungo Fujino 2022
First published in Japan in 2022 by KADOKAWA CORPORATION, Tokyo.
Complex Chinese translation rights arranged with KADOKAWA CORPORATION, Tokyo through CREEK & RIVER Co., Ltd.

# 窮忙族教戰手冊

## 事半功倍的100種思維

出　　版／楓葉社文化事業有限公司
地　　址／新北市板橋區信義路163巷3號10樓
郵政劃撥／19907596 楓書坊文化出版社
網　　址／www.maplebook.com.tw
電　　話／02-2957-6096
傳　　真／02-2957-6435
作　　者／藤野淳悟
翻　　譯／趙鴻龍
責任編輯／江婉瑄、陳鴻銘
內文排版／洪浩剛
港澳經銷／泛華發行代理有限公司
定　　價／380元
初版日期／2023年6月

國家圖書館出版品預行編目資料

窮忙族教戰手冊：事半功倍的100種思維 / 藤野淳悟作；趙鴻龍譯. -- 初版. -- 新北市 : 楓葉社文化事業有限公司, 2023.06
面；公分
ISBN 978-986-370-542-0（平裝）
1. 成功法 2. 生活指導
177.2　　112004803